# USAGES

ET

## RÉGLEMENTS LOCAUX

AYANT FORCE DE LOI

DANS LE

DÉPARTEMENT DES COTES-DU-NORD.

PAR

A. ABLANIER fils, et F. HABASQUE fils,

AVOCATS.

Sine scripto jus venit quod usus appro-
bavit. Nam diuturni mores, consensu uten-
tium comprobati, legem imitantur.

*(Inst. de jure naturali, §9.)*

SAINT-BRIEUC,

IMPRIMERIE DE L. PRUD'HOMME. — 1846.

# USAGES

## ET

## RÈGLEMENTS LOCAUX

### DES COTES-DU-NORD.

# USAGES

ET

# RÈGLEMENTS LOCAUX

## AYANT FORCE DE LOI

DANS LE

### DÉPARTEMENT DES COTES-DU-NORD.

Par A. AULANIER fils et F. HABASQUE fils,

, AVOCATS.

*Sine scripto jus venit quod usus appro-*
*bavit. Nam diuturni mores, consensu uten-*
*tium comprobati, legem imitantur.*

(*Inst. de jure naturali, §. 9.*)

## SAINT-BRIEUC,

IMPRIMERIE DE L. PRUD'HOMME. — 1846.

Le Conseil général des Côtes-du-Nord , dans sa session de 1844 , avait promis une médaille d'or de cinq cents francs à l'auteur du meilleur ouvrage sur les usages locaux de ce département.

Sur l'avis unanime de cinq commissions instituées par M. le Préfet et composées dans chaque arrondissement du président du tribunal , du procureur du roi et de trois autres jurisconsultes , le Conseil général a accordé le prix au travail que nous livrons au public : il a jugé que cet ouvrage remplissait ses vœux d'une manière complète et il a bien voulu l'exprimer aux auteurs , par l'organe de son président , dans sa séance du 23 septembre 1846.

Les auteurs sont d'autant plus heureux de ce suffrage qu'il leur permet d'espérer que leur travail ne sera pas sans utilité pour le département.

Le Conseil général des Côtes-du-Nord, dans sa séance de 1845, avait pu [illegible] une initiative d'un vote de cinq cents francs à l'auteur de [illegible] ouvrage pour les travaux de ce défunt auteur.

Sur l'avis unanime de cinq commissions présidées par M. le Préfet et composées dans chaque arrondissement,

**Voir à la fin du volume, avant la table, une addition aux nos 74 et 75**

autres jurisconsultes, le Conseil général [illegible] au travail que nous livrons au public. [illegible] ouvrage remplirait ses yeux dans une notable compte, ce [illegible] il a bien voulu le palier aux travaux, par l'organe de son président, dans sa séance du 27 septembre 1846.

Les auteurs sont d'autant plus heureux de ce suffrage qu'il leur permet d'espérer que leur travail ne sera pas resté inutile pour le département.

# AVERTISSEMENT.

—

Dans la session du Conseil général des Côtes-du-Nord pour l'année 1844, un membre présenta les considérations suivantes sur l'utilité de la constatation des usages locaux du département.

« Soumettre à une législation uni-
» forme des populations répandues sur
» un vaste territoire, et jusque là ré-
» gies par une foule de lois et de cou-
» tumes différentes entre elles, et sou

» vent contraires, ce fut là, Messieurs,
» une pensée large et féconde. Cette
» pensée fut traduite en fait par la pu-
» blication des Codes français, qui res-
» teront comme un monument de sa-
» gesse et de grandeur que les autres
» peuples nous envieront ou continue-
» ront à imiter.

» Mais il est des détails dans les-
» quels la loi n'a pas pu descendre; et,
» d'un autre côté, les besoins des lo-
» calités, leurs mœurs et la nature
» même des choses, ont dû constituer
» autant d'obstacles à l'application uni-
» forme de ces détails à toutes les par-
» ties d'une grande nation. Cette ap-
» plication eût présenté surtout de gra-
» ves difficultés dans une époque de
» transition où tant de prescriptions,
» ayant force de loi, se trouvèrent
» abolies, où tant d'intérêts durent
» être froissés; et nos Codes durent
» s'en référer sur plusieurs points aux

» usages anciens des localités, usages
» qui, transmis par la tradition, par-
» ticulièrement dans les pays de droit
» coutumier comme le nôtre, ne sont
» bien connus aujourd'hui que de quel-
» ques jurisconsultes ; et les juriscon-
» sultes eux-mêmes éprouvent souvent
» des difficultés sérieuses pour en faire
» l'application à chaque localité.

» Plusieurs conseils généraux ont ex-
» primé le vœu que l'on s'occupât de
» constater et de recueillir les usages
» auxquels se réfèrent des dispositions
» législatives.

» L'administration et les tribunaux
» trouveraient, dans la constatation
» de ces usages, un moyen de régler
» d'une manière plus sûre et plus uni-
» forme, pour chaque contrée, les in-
» térêts du pays et des citoyens.

» M. le ministre de l'intérieur a, de
» son côté, par une circulaire du 28
» juillet dernier, attiré sur cet objet

» l'attention des préfets et des conseils
» généraux.

» M. le ministre signale principale-
» ment le renvoi que fait le Code civil
» aux anciennes coutumes, aux règle-
» ments particuliers, aux usages lo-
» caux, en ce qui concerne le règle-
» ment des coupes et le mode de jouis-
» sance des bois, dans les articles 590
» et 593 ; en ce qui concerne l'usage
» des eaux courantes, dans les articles
» 644 et 645 ; en ce qui concerne la
» hauteur à donner aux clôtures dans
» les villes et faubourgs, dans l'article
» 663 ; en ce qui concerne les distances
» à observer entre les héritages pour
» la plantation des arbres à haute tige,
» dans l'article 671 ; en ce qui concerne
» les constructions susceptibles, par
» leur nature, de nuire aux propriétés
» voisines, dans l'article 674 ; en ce
» qui regarde les délais à observer
» pour les congés des locations, dans

» les articles 1736, 1738 et 1739 ; en
» ce qui regarde les paiements par an-
» ticipation de la part des sous-loca-
» taires, dans l'article 1753 ; en ce qui
» regarde les réparations locatives ,
» dans les articles 1754 et 1755 ; en ce
» qui concerne les obligations respec-
» tives des fermiers entrants et des fer-
» miers sortants, dans l'article 1777.

» M. le ministre signale encore la
» disposition de la loi du 6 octobre
» 1791, qui renvoie à l'usage et aux
» coutumes pour ce qui concerne le
» glanage, la vaine pâture, le par-
» cours ; et les dispositions de la loi du
» 14 floréal an XI , qui subordonne
» *aux anciens règlements* et *usages*
» *locaux* la direction, la construction
» et l'entretien des travaux à faire pour
» le curage des canaux et rivières non
» navigables.

» Sur diverses autres questions ,
» Messieurs, les tribunaux et l'adminis-

» tration sont obligés de puiser leurs
» motifs de décision dans les usages lo-
» caux ; et, pour ne mentionner que
» deux exemples d'une application fré-
» quente dans notre pays, aucune dis-
» position de la législation nouvelle ne
» précise l'espace de terrain apparte-
» nant au tour d'échelle, ni l'espace à
» laisser, ou présumé laissé précédem-
» ment, pour servir de douve au-delà
» des clôtures en terre qui divisent la
» superficie du territoire rural de notre
» département.

» Un recueil de ces divers usages et
» autres analogues serait un ouvrage
» éminemment utile pour tous, propre
» à fixer la jurisprudence, à éclairer
» les citoyens et prévenir les procès. Il
» renfermerait nécessairement des élé-
» ments précieux pour l'élaboration
» d'un code rural, dont le besoin
» paraît senti et a été souvent expri-
» mé dans les diverses parties de la
» France. »

La pensée qui a dicté ce rapport est celle qui a présidé au travail que nous publions. Notre but a été de recueillir les usages et règlements dont la connaissance est propre à éclairer les citoyens sur leurs droits, et dans lesquels le juge peut puiser des motifs de décision; d'y joindre quelques détails sur leur origine et leur raison d'être; en un mot, de réunir les divers éléments de ce qu'on pourrait appeler le *droit local* du département des Côtes-du-Nord.

Cette tâche présentait de nombreuses difficultés. L'étude des anciens jurisconsultes bretons, l'examen des arrêts rendus par le parlement de Bretagne et la cour royale de Rennes, enfin, le dépouillement des arrêtés administratifs et des règlements de police déposés à la préfecture des Côtes-du-Nord, nous ont mis à même d'en surmonter une partie. Mais s'il ne fallait

que du temps pour rechercher et coor-
donner les documents empruntés à ces
diverses sources, il était bien plus mal-
aisé de se procurer des informations
satisfaisantes sur tant d'usages particuliers, qu'aucun écrit ne constate, que
peu de personnes connaissent, qui varient suivant les localités et sur lesquels, comme nous en avons acquis
plus d'une fois la preuve, il y a diver-
sité d'opinion dans les mêmes lieux.

Après avoir extrait de la loi, de la
doctrine et de la jurisprudence tout ce
qu'elles pouvaient nous fournir, nous
avons posé les questions dont l'usage
seul devait donner la solution. Nous
les avons fait imprimer et nous les
avons adressées, non-seulement à MM.
les juges de paix de tous les cantons du
département, mais encore à des jurisconsultes, des notaires et des experts
éclairés par une longue expérience.

Nous ne nous sommes pas arrêtés là.

Nous avons consulté, sur une foule de points qui tiennent moins au droit qu'à la pratique, des agriculteurs distingués, des pépiniéristes, des architectes, des entrepreneurs, des ouvriers même.

Plusieurs des personnes auxquelles nous nous sommes adressés ont poussé la complaisance jusqu'à édifier dans leur canton une espèce d'enquête dont leurs réponses présentaient le résumé. Souvent il nous est arrivé de provoquer de nouveaux éclaircissements sur des points restés douteux. Nous nous sommes même transportés pour cela dans plusieurs localités.

Parmi les usages que nous avons recueillis, tous n'offrent pas les mêmes caractères. Nous avons tenu compte de leur importance relative ; nous nous sommes surtout attachés à ceux qui sont tout à la fois *constants* et *reconnus* : *constants*, parce qu'ils s'appuient sur des faits se reproduisant toujours dans les mêmes circonstances ; *reconnus*, parce que l'universalité des habitants les considère comme une loi à laquelle ils se soumettent d'une manière générale et absolue.

Chaque fois qu'il a été possible, nous nous sommes élevés des faits qui nous étaient signalés à la règle dont ces faits ne sont que la manifestation. Nous avons cru, en agissant ainsi, donner au juge un guide plus sûr que ne l'eût été la simple indication de l'usage suivi. C'est ainsi qu'au lieu de dire que, dans tel canton, l'usage autorise la coupe des émondes aux deux intervalles de six et neuf ans, nous avons expliqué que le terme de la coupe se règle d'après la durée des baux, et qu'il est de six ans pour les baux de six ans, de neuf ans, pour ceux de neuf ans.

Tels sont les recherches et les soins qui ont présidé à notre travail. Nous

les indiquons, car, comme ce recueil
ne peut avoir d'utilité qu'à la condition de contenir une constatation bien
exacte des usages, il est important que
l'on connaisse les sources auxquelles
nous avons puisé, ainsi que les motifs
qui nous ont guidés dans nos détermi-
nations.

Quelques mots maintenant sur le
plan de cet ouvrage.

Il semblait naturel, au premier
abord, de classer les usages par arrondissements. Nous avons bientôt reconnu, cependant, que cela était à peu
près impraticable.

Les usages communs à tout le département, et ce sont les plus nombreux,
auraient dû être reproduits sous cinq
titres différents. Ce n'est pas tout :
comme il n'en est presque aucun qui
soit à la fois commun et particulier à
tout un arrondissement, ce qu'on aurait
présenté comme une division par ar-

rondissements aurait été réellement
une division par cantons, qui eût conduit à des répétitions infinies.

Il existait d'ailleurs une autre raison
pour procéder différemment.

Les usages ne font loi que dans le
silence du droit écrit et à la condition
de ne pas contrarier ses dispositions.
On ne saurait donc les apprécier et distinguer ceux qui sont obligatoires, sans
connaître les textes de loi dont ils forment le complément.

Mais la connaissance et l'intelligence
des lois sont deux choses bien différentes. Le législateur, toujours sobre
de développements, ne fait guère que
poser des principes généraux, que la
doctrine et la jurisprudence doivent
ensuite expliquer pour les rendre applicables aux cas particuliers. Ce n'est
que par ces explications que les usages
se rattachent aux textes.

Nous avons donc été naturellement conduits à joindre, à l'exposé des usages, les textes de loi et les notions pratiques de droit qui s'y rattachent : cela était indispensable pour faire bien comprendre notre pensée, et pour fournir les moyens de déterminer l'étendue et les limites des usages. Nous avons pensé, d'ailleurs, que ces développements, évidemment utiles à une foule de personnes étrangères à la science des lois et dépourvues des livres qu'il faudrait consulter, seraient accueillis avec d'autant plus de faveur que l'absence de tout commentaire sur des règles spéciales à notre département les rend plus difficiles à appliquer.

Or, on reconnaîtra facilement que le but que nous voulions atteindre était inconciliable avec une division par arrondissements, qui nous eût astreints à reproduire successivement les mêmes considérations dans cinq traités différents.

Au surplus, la division par ordre de
matières ne rend pas les recherches
plus malaisées, car, après l'indication
de chaque usage, nous avons immédiatement fait connaître, par arrondissement et même par canton, quand cela
a été nécessaire, les exceptions qui
pouvaient exister. D'ailleurs, à la table
par ordre de matières, nous en avons
joint une autre par ordre alphabétique,
qui permet de trouver à l'instant les
passages auxquels on a besoin de recourir.

Qu'il nous soit permis de faire ici une
réflexion qui nous a été suggérée par
notre travail. Quelques-uns des usages
du département sont tellement vagues
qu'ils deviennent presque insaisissables:
ils existent, mais ils ne sont connus que
d'une manière imparfaite par la plupart
de ceux qui auraient intérêt à ne pas
les ignorer. Or, nous croyons que si
notre livre avait le degré de perfection

que nous aurions désiré lui donner, il ne serait guère moins utile pour fixer les usages que pour les faire connaître ; on finirait, à la longue, par le prendre pour guide, et il aurait ainsi pour effet de prévenir l'incertitude et l'arbitraire.

Il nous reste, en terminant, à remercier toutes les personnes qui ont bien voulu nous aider de leur expérience et de leurs lumières. Nous les prions de recevoir ici l'expression de notre gratitude (1).

---

(1) Le nombre des personnes que nous avons consultées est si considérable que nous devons renoncer au plaisir de remercier chacune d'elles nominativement.

# TABLE DES MATIÈRES.

# TITRE TROISIEME.



## CHAPITRE PREMIER.

### BAIL A LOYER.



## CHAPITRE II.

### BAIL A FERME.

# NOTIONS GÉNÉRALES

SUR

## LE DROIT RÉSULTANT DE L'USAGE.

1. L'*usage* est le droit non écrit qui s'est introduit imperceptiblement par le tacite consentement des peuples, et qui, par une longue habitude, s'est acquis la force et l'autorité de la loi.

2. Dans l'origine des sociétés et avant la découverte de l'écriture, les lois n'étaient que

1

des usages consacrés par le temps, conservés par la tradition, et qui avaient leur principe, partie dans la nature de l'homme, partie dans les habitudes, les besoins et les exigences de chaque pays. L'usage fût ainsi le premier législateur.

Lorsqu'à l'aide des caractères on fut parvenu à fixer l'expression de la pensée, l'écriture fut substituée à la tradition pour en perpétuer le souvenir. Toutefois, ce changement ne s'opéra que lentement et par degrés : on n'écrivit d'abord que les lois les plus importantes et les plus générales. Certains usages qui ne régissaient que de petites portions d'un état ne durent même jamais entrer dans la législation écrite ; pour les y faire passer, il aurait fallu tenir compte d'une foule de détails et de distinctions peu compatibles avec le caractère de généralité de la loi. On peut dire ainsi que l'usage, qui est le premier législateur des peuples, est aussi le complément nécessaire de toutes les législations.

3. Tout le monde sait qu'avant le code civil, plusieurs des provinces de la France, bien que soumises aux lois générales du royaume, étaient de plus régies par des *coutumes* parti-

culières, dont le nom seul indique qu'elles n'étaient que des collections d'anciens usages conservés originairement par la tradition. La Bretagne était dans ce cas. Sa *Coutume* fut écrite pour la première fois à une époque fort reculée, que Hevin fixe aux environs de l'an 1330, sous le duc Jean III (1). Ce premier recueil porte le nom de *Très-ancienne* Coutume. Il fut réformé en 1539, sous le règne de François 1er. De nombreuses erreurs s'étant glissées dans cette réformation, connue sous le nom d'*Ancienne* Coutume, elle fut revisée de nouveau, et pour la dernière fois, en 1580, sous le règne et avec l'autorisation de Henri III.

Au-dessous de cette loi générale applicable à toute la Bretagne, il existait des coutumes spéciales connues sous le nom d'*usements* ou *usances* de Rennes, de Nantes, de Saint-Malo, etc., etc., sans parler des nombreux usements qui régissaient les pays de domaines congéables. Malgré cette multiplicité de lois, une foule d'usages locaux faisaient encore autorité dans le silence de la législation écrite.

(1) Hevin, 107e Consultation, p. 532.

4. Tous les usages en vigueur aujourd'hui ne sont pas de la même nature. Il en est qui tiennent lieu de loi, sans participer en rien de la convention; tel est, par exemple, celui qui fixe la distance à laquelle on peut planter sur son fonds, du côté du voisin. D'autres tirent toute leur force d'une convention que les parties sont présumées avoir faite, quoiqu'elles aient cru superflu de l'exprimer; c'est à ceux-là que renvoie l'article 1160 du Code civil. On peut y rattacher encore ceux qui, d'après l'article 1159 du même Code, doivent servir à interpréter ce qu'il y a d'ambigu dans les convéntions.

En général, un usage n'est obligatoire que lorsqu'il a été consacré par la pratique constante d'une localité. Il est pourtant certains cas où l'usage résultant de la pratique exclusive d'un individu fournit des raisons de décider. On en trouve un exemple dans l'article 590 du Code civil.

5. Bien qu'il soit dans la nature des choses que l'usage ne fasse règle que dans le silence de la législation écrite, il peut cependant finir par abroger la loi. « Toutes les lois sont su-
» jettes à tomber en désuétude, dit le chan-

— 5 —

» celier d'Aguesseau (1), et il est bien certain
» que quand cela est arrivé, on ne peut plus
» tirer un moyen de cassation d'une loi qui a
» été abrogée tacitement par un usage con-
» traire.... Il ne faut pas oublier cette règle
» du droit romain : *inveterata consuetudo pro
» lege non immeritò custoditur.* » Mais, pour
cela, il faut que l'usage contraire à la loi soit
uniforme, général, constant, public, prolongé pendant un grand nombre d'années et
toléré par le législateur.

6. Quand l'existence ou l'étendue de l'usage
sont contestées, la preuve s'en fait par les
moyens ordinaires, c'est-à-dire, par témoins
ou par écrit, devant les juges qui sont appelés
à l'appliquer.

Anciennement, on procédait à des enquêtes
par *turbes*, espèce d'information qui se faisait
en conséquence d'un arrêt de cour souve-
raine pour éclaircir un point de coutume,
et dans laquelle un commissaire recevait les
déclarations des avocats, procureurs et pra-
ticiens du siége. Chaque *turbe*, qui était de
dix personnes, n'était comptée que pour un

_______________

(1) Tome 9, page 446. Lettre du 29 Octobre 1736.

témoin, et il fallait au moins deux *turbes* pour faire preuve. Ce mode d'information fut abrogé par l'ordonnance du mois d'avril 1667, titre 13, article 1er.

Il est deux autres moyens de constater l'usage, dont on se sert encore aujourd'hui, quoiqu'on y ait recours moins fréquemment qu'autrefois.

Ce sont les *actes de notoriété* et les *parères*. On appelle ainsi des attestations écrites d'un usage, émanées de personnes en position d'être bien informées.

Les *actes de notoriété*, presque toujours dressés par des jurisconsultes, ont plutôt pour objet de prévenir les contestations que de fournir les moyens de les juger.

Les *parères*, au contraire, usités dans les matières commerciales seulement, sont des espèces de certificats délivrés par des négociants à l'occasion de procès existants.

L'appréciation de ces deux sortes de preuve est abandonnée à la prudence des magistrats, qui ne sont pas obligés de les admettre.

# TITRE PREMIER.

## DE L'USUFRUIT.

—

Article 590 du Code civil. — Si l'usufruit comprend des bois taillis, l'usufruitier est tenu d'observer l'ordre et la quotité des coupes, conformément à l'aménagement ou à l'usage constant des propriétaires ; sans indemnité toutefois en faveur de l'usufruitier ou de ses héritiers, pour les coupes ordinaires, soit de taillis, soit de baliveaux, soit de futaie, qu'il n'aurait pas faites pendant sa jouissance.

Les arbres qu'on peut tirer d'une pépinière sans la dégrader ne font aussi partie de l'usufruit qu'à la charge par l'usufruitier de se conformer aux usages des lieux pour le remplacement.

Art. 591 C. C.— L'usufruitier profite encore, toujours en se conformant aux époques et à l'usage des anciens propriétaires, des parties de bois de haute futaie qui ont été mises en coupes réglées, soit que ces coupes se fassent périodiquement sur une certaine étendue de terrain, soit qu'elles se fassent d'une certaine quantité d'arbres pris indistinctement sur toute la surface du domaine.

ART. 593 C. C. — Il peut prendre, dans les bois, des échalas pour les vignes; il peut aussi prendre, sur les arbres, des produits annuels ou périodiques ; le tout suivant l'usage du pays ou la coutume des propriétaires.

7. Les matières dont nous nous occuperons dans ce titre, quoique placées sous la rubrique de l'usufruit, concernent aussi bien le fermier que l'usufruitier. Nous aurons soin de signaler les différences qui existent entre les droits et les obligations attachés à ces deux titres.

L'usufruit est le droit de jouir des choses dont un autre a la propriété, comme le propriétaire lui-même, mais à la charge d'en conserver la substance (Art. 578 C. C.).

Nous ne traiterons de l'usufruit qu'en ce qui touche le mode de jouissance des bois dans le département des Côtes-du-Nord. Ce titre comprendra trois chapitres : le premier, relatif aux pépinières ; le second, aux bois taillis et de futaie ; le troisième, aux fruits annuels et périodiques des autres bois.

# CHAPITRE PREMIER.

## Des Pépinières.

8. On appelle pépinière une plantation de petits arbres que l'on élève jusqu'à ce qu'ils puissent être transplantés.

Les pépinières étaient autrefois meubles en Bretagne (1).

Dans le département, on en trouve de toute espèce. Il y en a d'arbres forestiers, d'arbres fruitiers et même de quelques arbres d'agrément ou de décoration, tels que sorbiers, acacias et autres. Ces dernières, qui tombent dans le domaine du fleuriste, n'existent qu'à Saint-Brieuc et à Dinan.

9. L'usufruitier ne peut jouir des pépinières qu'à la charge de ne pas les *dégrader* et de se conformer aux usages des lieux pour le remplacement.

---

(1) Poullain du Parc, Principes du droit, t. **2**, p. 67, n° **12**.

En défendant à l'usufruitier de dégrader la pépinière, le législateur a entendu dire qu'il ne doit arracher que les plants qui sont devenus assez forts pour être bons à transplanter ; il n'y a pas d'autre moyen de jouir sans dégrader.

10. L'usage des lieux étant la seule règle à suivre en ce qui concerne le remplacement (1), voyons quel est celui du pays.

Il y a lieu d'établir une distinction :

Si la pépinière a été faite pour vendre du plant, qu'elle l'ait été ou non par un pépiniériste de profession, il y a obligation rigoureuse de remplacer les plants que l'on enlève.

Mais si la pépinière a été faite par un propriétaire pour l'entretien de ses terres, l'obligation de remplacer est moins rigoureuse, parce que, dans l'usage, les pépinières de cette nature se renouvellent rarement. Du reste, on devra prendre en considération, pour se décider, l'importance de la pépinière et du domaine qu'elle est destinée à entretenir.

11. Dans l'hypothèse où le remplacement doit s'opérer, comment se fait-il ? Replante-t-on

_______________

(1) Proudhon, Droits d'usufruit, tom. 3, n° 1179, p. 158.

dans l'endroit d'où l'arbre a été arraché, ou bien le doit-on faire ailleurs?

Ce dernier mode de culture est seul convenable ; car si l'on replante au même lieu , les racines des premiers arbres nuisent à la prospérité des nouveaux ; la terre, d'un autre côté , ne contient plus les sucs qui ont servi à l'alimentation et au développement des premiers sujets ; il faut qu'elle puisse se refaire par un nouvel assolement. Aussi doit-on laisser s'épuiser les pépinières sur le terrain où elles sont établies.

L'usage ordinaire à Saint-Brieuc est de mettre du blé dans le carré où se trouvaient les jeunes arbres, aussitôt qu'ils ont été enlevés. C'est le meilleur moyen, assure-t-on, de refaire la terre et de la préparer à recevoir une nouvelle pépinière. Un bon pépiniériste doit faire en sorte que les plants qui composent son semis soient bons à arracher à la même époque, et dans l'espace d'un an ou deux au plus.

12. Voyons maintenant quand on peut enlever des pépinières les arbres des diverses essences, car l'usufruitier ne se renfermerait pas dans son droit s'il les arrachait avant l'âge ordinaire de leur transplantation ; il jouirait d'une chose,

qui ne fait point encore partie de l'usufruit, qui devrait même n'y jamais entrer, s'il mourait avant que les arbres eussent atteint le développement convenable pour être utilisés. Il s'exposerait conséquemment à être tenu à des dommages et intérêts envers le nu-propriétaire.

L'âge auquel les arbres sont bons à enlever varie et doit naturellement varier en raison de leur essence, de la qualité du terrain dans lequel ils se trouvent et des soins qui leur sont donnés. En supposant la terre de nature ordinaire, c'est-à-dire, en ne la prenant ni dans les premières ni dans les dernières classes, voici celui auquel les différents arbres peuvent être enlevés des pépinières.

### Arbres forestiers.

Les sapins et autres arbres verts forestiers sont susceptibles d'être transplantés de 2 à 4 ans.
Les peupliers de toute espèce, à 4
Les marronniers d'Inde, à 5 ou 6
Les ormes, à 5 ou 6
Les hêtres, à 6 ou 7
Les frênes, à 7

Les bouleaux , à       7 ou 8 ans.
Les chênes , à       8 ou 9

### Arbres fruitiers.

On peut planter :

Les arbres en espalier à      2 ans.
Les pommiers nains à      3
Les poiriers en quenouille à      4
Les cerisiers à      4 ou 5
Les châtaigniers à      4 ou 5
Les noyers à      4 ou 5
Les abricotiers tiges à      5
Les pêchers tiges à      5
Les néfliers à      5 ou 6
Les poiriers haute tige à      6
Les pommiers à      6

### Arbres d'ornement.

Le vernis du Japon à      4 ans.
L'acacia à      4
Les sorbiers à      4
Les tulipiers à      5
L'érable à      5 ou 6
Le tilleul à      6

Ces arbres d'ornement sont les seuls dont on fasse des pépinières dans le département ; on tire les autres du dehors.

Le nombre d'années indiqué dans la nomenclature ci-dessus n'est pas celui que l'arbre a dû passer dans la pépinière, mais celui qui s'est écoulé depuis le jour où il a été semé, ou depuis celui où la bouture a été faite, selon que l'arbre est venu de graine ou de bouture.

13. Pour résumer ce chapitre, nous dirons qu'il n'y a guère d'usage constant dans les Côtes-du-Nord en ce qui concerne les pépinières, et que chaque cas particulier doit se décider d'après les circonstances qui s'y rattachent, en y appliquant les principes généraux que nous avons fait connaître (1).

______________

(1) Les renseignements relatifs aux pépinières nous ont été fournis par M. Le Pellec, pépiniériste-fleuriste à S.-Brieuc.

# CHAPITRE II.

### Des bois taillis et de futaie.

14. Les bois se divisent en deux grandes classes, les taillis et les futaies.

Aucun des bois du département n'est soumis au régime forestier ; le propriétaire est libre, par conséquent, de les exploiter comme bon lui semble, en se conformant à certaines restrictions apportées à sa jouissance par la loi. (Art. 2, Code forestier.)

L'usufruitier jouit comme le propriétaire, sans avoir cependant le droit d'*abuser*. Il ne peut changer le mode de jouissance et doit se conformer, autant que possible, à ce qui se pratiquait avant l'ouverture de l'usufruit.

15. Si l'usufruitier a négligé de faire les coupes auxquelles il avait droit, soit qu'il s'agisse de taillis, de baliveaux ou de futaie, il n'est dû ni à lui, ni à ses héritiers, d'après l'article 590, aucune indemnité ; il est alors présumé

avoir renoncé à son droit en faveur du propriétaire. Il en est autrement, lorsque le bois appartient en propre à une personne mariée sous le régime de la communauté. Si cette communauté usufruitière du bois pendant le mariage a négligé de faire les coupes, il lui est dû une indemnité après sa dissolution par celui des époux à qui le bien est propre, et qui profite de la coupe retardée. (Art. 1403 C. C.)

Nous allons exposer, dans les deux paragraphes suivants, les règles particulières aux taillis et aux futaies.

## § I<sup>er</sup>. — *Des bois taillis.*

16. D'après l'article 69 de la loi du 3 frimaire an VII, tous les bois au-dessous de l'âge de 30 ans sont réputés taillis. Si cependant l'intention du propriétaire avait été bien expressément qu'un semis fait par lui devînt futaie, il devrait être considéré comme tel.

17. L'usufruitier est tenu d'observer, à l'égard des taillis, l'aménagement ou l'usage constant des propriétaires. Le Code parle de l'usage constant des propriétaires : si, en effet, celui d'entre eux qui a joui le dernier était un dis-

sipateur, s'il administrait mal ses propriétés, l'usufruitier ne devrait pas l'imiter, mais rechercher et suivre le mode de jouissance des possesseurs précédents (1).

L'usage des lieux ne doit être consulté que lorsqu'on ne peut connaître celui des propriétaires; il ne doit même pas être invoqué pour une partie de l'objet soumis à l'usufruit, si une autre partie de ce même objet avait été aménagée par le propriétaire; l'aménagement partiel fournirait alors la règle pour le tout (2).

Mais si l'on ne peut parvenir à connaître la manière de jouir des propriétaires, on suit l'usage des lieux, qu'on présume être celui qu'ils avaient adopté.

L'ordonnance de 1669 sur l'administration des forêts, défendait de couper les taillis avant l'âge de 10 ans.

L'article 6, titre 1<sup>er</sup>, de la loi du 29 septembre 1791, déclara les propriétaires de bois particuliers libres de les administrer et d'en disposer comme bon leur semblerait, et tel est

---

(1) Boileux, sous l'art. 590 C. C. Proudhon, Usufruit, tom. 3, n° 1173.

(2) Paris, 22 juillet 1812. *J. d. P.* tom. 10, p. 590. Duranton, tom. 4, n° 550.

aussi le sens de l'art. 2 du Code forestier, seul en vigueur aujourd'hui, avec l'ordonnance du 1<sup>er</sup> août 1827 qui a été publiée à la suite, et qui en est en quelque sorte le commentaire.

18. Recherchons maintenant, et comme élément de décision, quel est l'usage dans le département, en ce qui concerne la coupe des taillis.

Ils se divisent naturellement en deux classes, les grands et les petits. Les grands taillis, qui sont ordinairement destinés à être mis en charbon, à la différence des autres dont on fait des fagots, sont exploités régulièrement par coupes de 15, 18 et 20 ans, selon les cas particuliers qu'il est inutile de mentionner et que l'usufruitier ne saurait jamais ignorer.

Les petits taillis s'exploitent généralement dans tout le département par coupes de 9 ans. Cependant, quand ils dépendent d'une métairie, la coupe suit ordinairement la durée des baux, qui sont quelquefois consentis pour 6 et 7 ans. On fait en sorte que le fermier ait une coupe entière pendant son bail.

19. Qu'arrive-t-il, si l'usufruitier a fait des coupes par anticipation ?

Il y a lieu de distinguer :

Si l'usufruit continue jusqu'à l'instant où la coupe eût pu être faite, il n'est dû aucune indemnité au propriétaire ; si, au contraire, l'usufruit prend fin avant le temps où le bois eût atteint l'âge prescrit pour la coupe, le propriétaire a droit à une indemnité, pour la différence de la valeur actuelle du bois à celle qu'il aurait eue, s'il n'avait pas été indûment coupé. Si, par exemple, il trouve un taillis de 3 ans qui eût dû en avoir 8, on lui devra une indemnité calculée sur 5 ans seulement, puisqu'il profitera de la nouvelle pousse de 3 ans (1).

Le propriétaire, du reste, a toujours le droit de mettre opposition à une coupe anticipée, et de rappeler à l'aménagement l'usufruitier qui s'en écarte.

20. On lit dans le Commentaire de la Grande Coutume de Bretagne, art. 468, n° 4, que les mois de février et mars sont les plus propres à la coupe des taillis, parce qu'elle doit avoir lieu avant que les feuilles commencent à pousser. Cette règle est encore suivie dans le département. Des réponses que nous avons obtenues, il résulte, en effet, que la coupe

------

(1) Delvincourt, sous l'art. 590. — Duranton, tom. 4, n° 547. — Proudhon, Usufruit, tom. 3, n° 1171.

des taillis s'opère du 1ᵉʳ novembre au 25 avril ; mais presque partout elle a lieu dans les mois de février et de mars.

M. Baron du Taya, l'un des agronomes les plus distingués du département et qui est surtout très-versé en tout ce qui concerne les bois, pense que les taillis pourraient se couper pendant l'été, jusqu'au 1ᵉʳ juillet. Ce terme permettrait de tirer parti des écorces pour la tannerie, et il paraît qu'en opérant de cette façon on obtient ordinairement des pousses fort belles. Ce serait peut-être là une utile amélioration à introduire ; mais tel n'est pas l'usage dans les Côtes-du-Nord.

21. On appelle *baliveaux* les plans réservés lors de la coupe des taillis. Ils servent à opérer le semis des forêts, et à créer des futaies.

L'ordonnance de 1669 obligeait les particuliers à laisser dans les taillis 16 baliveaux par arpent. L'usufruitier y était tenu comme le propriétaire, ainsi que l'apprend le Commentaire de la grande Coutume de Bretagne, art. 468, n° 4. Cette obligation a cessé depuis la loi du 29 septembre 1791.

Les usufruitiers n'avaient aucun droit aux baliveaux des taillis, d'après le titre 27, art. 2, de l'ordonnance de 1669. Ils n'y ont encore droit de nos jours que quand le propriétaire était dans l'usage bien reconnu de les couper à un âge déterminé. La cour de Toulouse a décidé par un arrêt du 26 décembre 1835 (1), que le fait par les propriétaires antérieurs d'avoir quelquefois coupé des baliveaux anciens dans les taillis, mais non par coupes réglées et périodiques, ne suffisait pas pour que l'usufruitier pût se permettre d'en exploiter.

22. L'usage de laisser des baliveaux dans les petits taillis tombe en désuétude dans une grande partie du département ; ce dont on doit se féliciter, car l'ombrage que donnent ces arbres nuit singulièrement au développement du bois et lui cause ainsi un tort notable. Les baliveaux, d'ailleurs, n'ont quelque prix comme bois d'œuvre qu'autant qu'ils viennent de graine , et ceux des petits taillis ne poussent guère que sur de vieilles souches.

D'après les renseignements qui nous ont été transmis, les cantons où l'on réserve encore des baliveaux sont ceux de Lamballe,

---

(1) Arrêt inédit. Usages locaux du Tarn par M. Clausade p. 13.

Lanvollon , Pléneuf, Quintin , Dinan , Matignon , Evran , Jugon , Guingamp , Callac , Maël-Carhaix , Saint-Nicolas-du-Pélem , Perros-Guirec , Plouaret , Corlay , Mûr , Plouguenast. Mais on ne le fait que dans les grands taillis , et la quantité à laisser n'est pas déterminée ; elle varie de 10 à 32 par hectare. Du reste , aucune difficulté sérieuse ne peut s'élever à ce sujet ; car , à moins de stipulations particulières , l'usufruitier et le fermier ne sont tenus de laisser de baliveaux que quand ils en ont trouvé à leur entrée en jouissance, et dans la même proportion. Tout se règle ainsi par l'usage du détenteur précédent.

### § II. — *Des bois de futaie.*

23. Nous avons dit au paragraphe précédent que , d'après la loi du 3 frimaire an VII , les bois au-dessous de l'âge de 30 ans étaient réputés taillis : passé cet âge , ils deviennent futaies.

Si l'usufruitier a droit aux taillis , parce qu'ils sont considérés comme des fruits naturels de la terre , il n'a pas également droit aux futaies, qui sont censées faire partie du fonds (1).

24. Les futaies ne tombent dans l'usufruit que, si elles ont été mises en coupes réglées, soit qu'on coupe régulièrement tant d'hectares à intervalles périodiques, soit qu'on exploite sur toute la forêt un nombre déterminé et toujours égal de pieds d'arbres, chaque année. Un arrêt de la cour royale d'Agen, du 14 juillet 1836, confirmé par un arrêt de la cour de cassation, du 14 mars 1838, *J. du P.*, T. II. de 1838, a décidé que le fait même usuel de la part de l'ancien propriétaire d'avoir coupé des arbres de haute futaie, pour les utiliser à son profit, ne constitue pas la mise en coupe réglée profitable à l'usufruitier, d'après l'art. 591 du Code civil.

25. L'usage des propriétaires doit être seul consulté par l'usufruitier en ce qui concerne les futaies, à la différence de ce qui arrive pour les taillis pour lesquels l'usage des lieux fait loi, comme nous l'avons dit plus haut, quand celui des propriétaires n'est pas connu. Il devient donc inutile de rechercher ici ce qui se pratique

---

(1) Proudhon, Usufruit, tom. 3, n° 1180.

d'ordinaire dans le département , chaque cas devant se décider d'après l'usage particulier de la forêt ou du bois qui y donne lieu.

26. L'usufruitier qui abat des arbres auxquels il n'avait pas droit de toucher , est passible de dommages-intérêts.

# CHAPITRE III.

### Des produits annuels et périodiques des autres bois.

27. Les produits auxquels l'usufruitier a droit, d'après l'art. 593 du Code civil, sont de deux sortes : annuels ou périodiques.

Les produits annuels dans le département sont :

1° Les oseraies qui se coupent partout à un an de pousse.

2° La feuille des ormes qui est donnée aux bestiaux par le fermier. Cet usage, assez généralement suivi dans tout le département, est surtout observé dans les petites fermes ; mais, des renseignements qui nous ont été fournis, nous devons conclure que les fermiers n'agissent ainsi que par tolérance.

3° Les fruits des arbres qui appartiennent à l'usufruitier aussitôt que la cueillette en est faite. Il n'existe aucun usage à cet égard : seulement on ne doit les recueillir qu'à leur maturité; autrement, on s'exposerait à jouir d'une chose qui ne ferait pas partie de l'usufruit, s'il finissait avant l'époque ordinaire de la récolte. Le principal produit des arbres fruitiers dans les Côtes-du-Nord est le cidre qui forme une des branches commerciales du pays.

28. Les produits périodiques non annuels sont, chez nous, la coupe des émondes et des bois de fossés. Les règles qui s'y rapportent, communes au fermier et à l'usufruitier, sont d'une application journalière.

Nous allons examiner successivement et sous quatre paragraphes différents, quels sont, dans les Côtes-du-Nord, les arbres émondables, l'âge auquel les émondes doivent être coupées, la manière dont on doit émonder, et la saison où il convient de le faire. Un cinquième paragraphe renfermera ce qui concerne les bois dits courants et piquants.

§ Ier. — *Arbres qu'on peut émonder.*

29. Les arbres émondables par essence sont: *le chêne, l'orme, le frêne, l'aune, le bouleau et le saule.*

*Le hêtre, le châtaignier et le peuplier*, non

émondables par essence, le deviennent quand ils ont déjà été émondés par le propriétaire ou avec son autorisation.

Les arbres *verts*, *fruitiers*, *d'ornement ou de décoration*, ne le sont dans aucun cas ; il en a toujours été ainsi en Bretagne (1).

30. Les arbres émondables par nature cessent de l'être : 1° quand ils sont plantés en *avenues*, *bosquets* ou *rabines* (2), à moins qu'on ne les ait émondés antérieurement ; cas dans lequel le fermier ou l'usufruitier peuvent continuer de le faire.

2° Quand le propriétaire a voulu qu'ils ne fussent pas émondés, ce qui se présume lorsqu'ils ne l'ont pas encore été, quoiqu'ils aient passé l'âge ordinaire auquel on commence à le faire.

## § II.—*Manière d'émonder.*

31. A l'exception du saule, on ne doit jamais *écouronner* aucun arbre, s'il ne l'a déjà été auparavant.

---

(1) Commentaire de la Grande Coutume, art. 468, n. 4.
(2) On entend par rabine une, deux ou plusieurs rangées d'arbres.

On doit se borner à élaguer les arbres qui n'ont été exploités que de cette manière par les possesseurs précédents. Le peuplier, quand on le coupe, n'est presque jamais qu'élagué.

### § III. — *Terme de la coupe.*

32. La question de savoir à quel âge il est permis d'émonder ne se présente en matière d'usufruit que lorsque l'usufruitier exploite par lui-même ou par un colon partiaire. Dans les autres cas, les émondes appartiennent au fermier.

Quand l'usufruitier jouit ainsi par mains ou par un colon partiaire, son droit sur les émondes est celui qui compéterait à un fermier en l'absence de conventions à ce sujet.

Un arrêt de la cour royale de Rennes, du 23 février 1835 (*J. de la Cour*, 1835, *p.* 71) a décidé « *que, suivant la coutume généralement observée en Bretagne et la nature du bail à ferme, l'usage des coupes est déterminé par la durée du bail.* »

Le principe est, en effet, bien constant ; mais il ne s'applique d'une manière absolue qu'aux baux qui sont consentis pour 6 ans au moins, et pour 9 ans au plus.

Si un bail ne doit durer que cinq ans, le preneur ne peut prétendre à une coupe entière : il a seulement droit aux émondes qui viennent en âge d'être coupées pendant sa jouissance, c'est-à-dire, qui ont 6 ans, quand les coupes antérieures ont été faites à 6 ans, et qui ont 9 ans, quand les coupes antérieures n'ont été faites qu'à 9 ans.

Le même principe est applicable aux baux de plus de 9 ans, pour les années qui excèdent ce laps de temps et qui sont alors considérées comme l'objet d'un nouveau bail.

33. Cette règle générale comporte les exceptions suivantes :

1° Dans le canton de Pontrieux, les bois émondables se coupent à 7 ans, quelle que soit la durée du bail.

2° Dans tout le département les saules se coupent à 3 ans.

3° Les peupliers, quand on les émonde, se coupent souvent à des intervalles plus courts que la durée des baux, sans qu'il existe de règle précise à cet égard.

Dans tout ce qui précède, nous avons fait abstraction des modifications que la convention apporte à l'usage.

### § IV.—*Saison propre à l'émondage.*

34. L'usage est d'émonder en février, mars et dans la première quinzaine d'avril. En quelques endroits, et notamment dans les cantons de Saint-Brieuc et Lamballe, on peut émonder jusqu'au 25 avril.

On ne le fait pas plus tôt à cause de la glace qui rend les bois coupés *gélifs* : on ne le fait pas plus tard, pour que les arbres profitent de toute la sève de l'année.

### § V.— *Des bois dits courants et piquants.*

35. On désigne sous ce nom les arbrisseaux qui forment les haies et qui garnissent les fossés, tels qu'épines, ronces, ajoncs, pruniers sauvages, sureaux, etc.

A défaut de convention, l'usage accorde le droit de les couper tous les trois ans; cependant, en fait, cela ne se pratique guère que pour les ajoncs; les épines ne se coupant ordinairement qu'à 6 et 9 ans, comme les arbres émondables.

L'usage impose partout et de plein droit à l'usufruitier ou au fermier, qui dispose des bois courants et piquants, l'obligation de réparer les fossés après la coupe.

## Compétence.

36. Les difficultés auxquelles donne lieu l'application des art. 590, 591 et 593 du C. C., sont déférées aux tribunaux civils de 1re instance.

Toutefois le juge de paix est compétent :

1° Quand le montant de la demande ne dépasse pas 200 fr. (Art. 1er de la loi du 25 mai 1838).

2° Quand le montant de la demande n'excède pas 1,500 fr. et que, de plus, il s'agit de dégradations rentrant dans les cas prévus par les articles 1732 et 1735 du Code civil. (Art. 4, § 2 de la même loi.)

# TITRE DEUXIEME

## DES SERVITUDES.

—

## CHAPITRE PREMIER.

### Des cours d'eau.

Article 644 C. C. — Celui dont la propriété borde une eau courante, autre que celle qui est déclarée dépendance du domaine public par l'article 538 au titre *de la distinction des biens*, peut s'en servir à son passage pour l'irrigation de ses propriétés.

Celui dont cette eau traverse l'héritage peut même en user dans l'intervalle qu'elle y parcourt, mais à la charge de la rendre, à la sortie de ses fonds, à son cours ordinaire.

Art. 645 C. C. — S'il s'élève une contestation entre les propriétaires auxquels ces eaux peuvent être utiles, les tribunaux, en prononçant, doivent concilier l'intérêt de l'agriculture avec le respect dû à la propriété, et, dans tous les cas, les règlements particuliers et locaux sur le cours et l'usage des eaux doivent être observés.

Art. 1er, loi du 14 floréal an 11. — « Il sera pourvu
» au curage des canaux et rivières non navigables et à
» l'entretien des digues et ouvrages d'art qui y corres-
» pondent de la manière prescrite par les anciens règle-
» ments ou d'après les usages locaux. »

37. On divise les cours d'eau en deux clas- ses : ceux qui sont navigables ou flottables et ceux qui ne le sont pas.

Les premiers appartiennent exclusivement à l'état. On ne peut avoir sur leur lit, ni sur leurs eaux, d'autres droits que ceux qui sont acquis par titre ou par possession.

La question de propriété des cours d'eau non navigables ni flottables est l'objet d'une vive controverse entre les auteurs. Les uns en attribuent le sol à l'état, les autres le don- nent par moitié aux deux riverains. Mais s'il y a désaccord sur la question de propriété du sol, il n'en est pas ainsi sur le droit à la jouis- sance des eaux. Ce droit a été expressément concédé aux riverains par le législateur.

2 *

Le régime des eaux soulève, dans la pratique, de nombreuses difficultés dont nous n'avons pas à nous occuper. Nous nous bornerons à exposer les principes généraux de la matière sous le triple point de vue de l'irrigation, du rouissage et du curage des canaux et rivières. Nous examinerons aussi quelles modifications ces principes reçoivent dans le département, soit de l'usage ancien, soit des règlements particuliers et locaux.

### § 1er. — *Irrigation.*

38. On peut ranger en quatre classes les ayants droit aux eaux propres à l'irrigation, savoir :

Ceux sur le fonds desquels le cours d'eau prend naissance ;

Ceux dont il ne fait que traverser la propriété ;

Ceux dont il borde seulement le terrain ;

Ceux enfin dont il ne touche la propriété par aucun point.

L'étendue du droit varie selon ces différents cas.

Le propriétaire sur le fonds duquel le cours d'eau prend naissance peut en user à volonté, sauf le droit que le propriétaire inférieur aurait acquis par titre ou prescription, et le cas où la source serait nécessaire aux habitants d'une commune, d'un village ou d'un hameau. (C. C., 641, 643.)

Celui dont l'eau traverse seulement la propriété peut en user à son passage et même en détourner le cours ; mais il est tenu de la rendre ensuite à son cours naturel. (C. C., 644.)

Celui dont l'eau borde la propriété doit aussi la rendre, à la sortie de son fonds, à son cours naturel ; mais, de plus, il ne peut en détourner qu'une partie, afin que l'autre riverain, dont les droits sont égaux aux siens, n'en soit pas privé. (C. C., 644.)

Enfin, le propriétaire qui ne touche pas au cours d'eau peut acquérir, par voie d'expropriation, une servitude d'aqueduc sur le fonds riverain pour amener sur ses terres les eaux dont il a acquis le droit d'user. (Loi du 1er mai 1845.)

39. Ces principes posés, voyons quelles modifications les règlements et l'usage leur ont fait subir dans les Côtes-du-Nord.

Les *règlements particuliers et locaux*, auxquels renvoie l'art. 645, sont de deux sortes.

Les uns résultent des anciennes coutumes, d'arrêts de règlement antérieurs à la révolution; enfin, d'arrêtés sur la police des eaux pris par l'autorité administrative dans la limite de ses attributions (1). Ces divers règlements ont un caractère public et obligent indistinctement tous les riverains.

Les autres résultent de conventions, partages, jugements, transactions, etc., intervenus entre les ayants droit. Ils ne sont obligatoires que pour ceux qui y ont figuré et leurs héritiers ou ayants cause.

Les règlements publics sur l'usage des eaux sont très-rares chez nous. On doute même qu'il en existe d'autres que les deux que nous citerons tout à l'heure en parlant du rouissage. Du moins, la Coutume de Bretagne, les divers usements et les arrêts du parlement n'en contiennent aucun autre, et on ne connaît pas d'arrêtés administratifs récents qui modifient l'exercice des droits attribués par le Code aux riverains.

---

(1) Loi des 12—20 août 1790, ch. 6. Décret des 28 septembre, 6 octobre 1791, titre 2, art. 16. Loi du 14 floréal an XI.

Les règlements particuliers, au contraire, sont très-nombreux, et une grande partie des cours d'eau du département sont régis par des actes intervenus entre les divers intéressés. Ils doivent toujours être appliqués par le juge, quand même ils apporteraient quelque modification aux droits accordés aux riverains par le Code civil. En effet, les particuliers peuvent renoncer par convention au bénéfice qu'ils tiennent de la loi, toutes les fois que l'intérêt public n'est pas compromis.

40. L'article 645 du Code civil ne renvoie pas aux usages, mais seulement aux règlements locaux. Il n'existe, d'ailleurs, chez nous, aucun usage contraire aux dispositions du Code. Sous l'ancienne législation, celui dont le cours d'eau traversait le fonds pouvait, comme le propriétaire de la source, absorber toutes les eaux ou en changer le cours sans que le propriétaire inférieur fût en droit de réclamer (1). Mais cette faculté a cessé lors de la promulgation de l'art. 644, qui oblige le propriétaire inférieur à rendre les eaux à leur cours natu-

---

(1). Hevin, 53ᵉ consultation, p. 312. Poullain Du Parc, principes du droit, tom. 3, p. 309.

rel. L'usage contraire au Code, qui aurait pu se perpétuer dans certains endroits, serait abusif et ne constituerait aucun droit.

41. Le législateur a autorisé le juge à concilier l'intérêt de l'agriculture avec le respect dû à la propriété. Il est important de remarquer que cette latitude ne va pas jusqu'à lui permettre de modifier dans l'application les règlements locaux, ni les dispositions des art. 641 et 644. Elle s'étend seulement à la détermination de la quantité d'eau qui peut être absorbée par chaque ayant droit et au mode d'après lequel doit s'effectuer la prise d'eau. Ainsi le juge peut attribuer plus d'eau au riverain dont le champ est plus étendu, ordonner qu'au lieu de diviser le cours en deux, l'eau se partagera par jours ou même par heures entre les riverains, etc. Il peut déterminer encore le point où se fera la prise d'eau, et enfin la quantité que chacun devra en rendre à la sortie de son fonds.

### § II. — *Du Rouissage.*

42. Dans tout le département des Côtes-du-Nord, la culture des lins et chanvres est très-

étendue : on évalue à environ 2400 hectares
le terrain qui y est consacré annuellement dans
le seul arrondissement de Lannion. Pour rendre les lins et chanvres propres à l'usage auquel ils sont destinés, la première prépara-
tion qu'on leur fait subir est le *rouissage* qui
consiste à les déposer, pendant un certain
temps, dans une eau courante où se dissout
peu à peu l'espèce de gomme qui fait adhé-
rer la partie textile à la partie ligneuse de la
plante. Mais les matières que l'eau entraîne
avec elle la rendent fétide, impropre à la
boisson et à différents usages industriels ;
elles sont aussi très-nuisibles au poisson, dont
elles font périr chaque année une grande
quantité.

Le rouissage s'effectue indistinctement dans
les rivières et dans des routoirs établis sur des
ruisseaux dont l'eau va se réunir aux rivières.
Cet usage constant ne paraît pas donner lieu
à de nombreuses difficultés ; cependant il est
intéressant d'examiner s'il est légal ou si, au
contraire, les riverains inférieurs seraient fon-
dés à se plaindre de l'altération des eaux qui
leur sont transmises.

43. Deux arrêts de règlement, rendus par le
parlement de Bretagne, les 6 août 1735 et 31

janvier 1757 , défendent expressément le rouissage dans les rivières et étangs.

Voici le texte du 1<sup>er</sup> arrêt :

« Le procureur général du roi , entré en la
» cour, a remontré que les ordonnances qui
» concernent les eaux et forêts ont eu , dans
» tous les temps, une attention particulière
» à prévenir tout ce qui peut nuire à la na-
» vigation et à la pêche dans les rivières ; l'art.
» 42 du titre xxvii de l'ordonnance de 1669,
» contient une disposition générale qui a une
» application sans bornes à toutes immon-
» dices et matières nuisibles à la navigation
» et à la pêche ; cependant il n'est que trop
» ordinaire de voir dans toutes les rivières
» des lins et des chanvres que les riverains
» y mettent à rouir, et qui , en corrom-
» pant l'eau , détruisent le poisson ; l'esprit
» et l'objet de la loi, sans qu'il soit besoin de
» rapporter plusieurs décisions particulières
» sur cette matière , suffisent pour émouvoir
» le ministère public contre un si grand incon-
» vénient. A ces causes , ledit procureur gé-
» néral du roi a requis qu'il y soit pourvu sur
» ses conclusions qu'il a laissées par écrit;
» et sur ce délibéré , la cour, faisant droit sur
» les remontrances et conclusions du procu-

» reur général du roi, a ordonné que l'art.
» 42 du titre xxvii de l'ordonnance de 1669
» sera bien et dûment exécuté ; en consé-
» quence, fait défense à toute personne de
» jeter des immondices *et mettre des lins et*
» *chanvres à rouir dans les rivières et étangs,*
» *à peine de confiscation desdits lins et chan-*
» *vres et de* 5o *livres d'amende, même de plus*
» *grande peine en cas de récidive ;* enjoint à
» tous juges royaux et hauts justiciers et aux
» substituts du procureur général du roi et pro-
» cureurs fiscaux de tenir la main à l'exécution
» du présent arrêt, chacun dans son ressort ;
» et afin que personne n'en ignore, ordonne
» qu'icelui sera lu, publié et enregistré dans
» tous les siéges royaux, présidiaux des eaux,
» forêts et juridictions en haute justice, même
» publié à l'issue des grandes messes de tou-
» tes les paroisses de la province, et affiché
» partout où besoin sera. Fait en parlement,
» etc. »

Le second arrêt, conforme au premier, est rapporté au journal du parlement de Bretagne, T. v, p. 231.

Ces règlements, décrétés par une autorité compétente, n'ont depuis été abrogés par aucune loi. Au contraire, ils ont reçu une confirmation implicite de l'art. 645 du Code civil, qui renvoie aux anciens règlements particuliers et locaux. Il semble donc qu'ils sont encore obligatoires aujourd'hui, et que tous ceux qui éprouvent préjudice de leur violation pourraient demander réparation aux tribunaux (1).

44. Les arrêts de règlement ne disant rien des simples ruisseaux, que doit-on décider à leur égard ?

Les principes généraux du droit tendent à prohiber le rouissage dans toutes les eaux courantes sans distinction, car la loi, en attribuant la jouissance des eaux à tous les riverains, en interdit implicitement l'altération aux riverains supérieurs.

___

(1) M. Walker émet toutefois une opinion contraire dans sa collection des lois, édits, etc., *encore en vigueur*. Cet auteur, après avoir cité les deux arrêts ci-dessus, dit en note, tom. 2, p. 459, que ces règlements et tous autres semblables doivent être considérés comme abrogés ; parce que, lors de la discussion à la chambre des Pairs, de la loi de 1829 sur la pêche fluviale, on rejeta comme contraire aux intérêts des cultivateurs, du commerce et de la marine, un article du projet qui défendait le rouissage du lin, du chanvre et de toute autre plante textile dans les fleuves, rivières, canaux et dans tous les ruisseaux y affluant, sous peine d'une amende de 25 fr. à 100 fr.

C'est aussi de cette manière que Pardessus a envisagé la question au n° 91 de son Traité des servitudes, et il arrive à la conséquence que les riverains inférieurs peuvent réclamer contre l'altération des eaux produite par le rouissage.

Quoique cette conclusion nous paraisse juste en principe, nous ne saurions l'admettre pour le département.

Nous ferons d'abord remarquer que les arrêts de règlement de 1735 et 1757, ne prohibant le rouissage que dans les rivières et étangs, semblent le permettre implicitement partout ailleurs.

D'un autre côté, interdire le rouissage dans les ruisseaux serait détruire la culture des lins et des chanvres si importante dans notre département, tant par l'étendue des terres qui y sont affectées que par les nombreuses industries qu'elle met en jeu. Cela seul suffirait pour trancher la question. Un intérêt aussi grand, aussi général que celui qui se rattache à la culture des lins doit l'emporter sur l'intérêt particulier des riverains. La gêne de ceux-ci, d'ailleurs, n'est que momentanée, et, pendant qu'elle existe, ils peuvent encore employer utilement les eaux à différents usages.

La pratique constante des cultivateurs est d'un grand poids dans cette question. Or, dans les parties du département où l'on cultive le lin, il n'y a peut-être pas de ruisseau qui, de temps immémorial, ne serve chaque année au rouissage. Ainsi, jamais les riverains n'ont été en possession de recevoir les eaux pures, et cela achève de leur ôter tout droit de se plaindre.

Nous ferons cependant une exception pour le cas où le ruisseau n'ayant encore jamais servi au rouissage, le riverain inférieur aurait créé un établissement tel que brasserie, papeterie, etc., pour lequel il est nécessaire d'avoir une eau toujours pure. Alors, mais alors seulement, suivant nous, il serait fondé à réclamer une indemnité du propriétaire supérieur qui, contrairement à l'usage suivi primitivement, altérerait les eaux en y déposant des lins ou chanvres.

Observons en terminant que la tolérance du rouissage dans les ruisseaux ne saurait jamais avoir d'inconvénient grave, parce que l'autorité administrative est toujours à même de remédier au mal par un arrêté. Les règlements de police de plusieurs communes du département contiennent des dispositions à ce sujet.

## § III. — *Curage des canaux et rivières.*

45. Le curage des canaux et rivières du département des Côtes-du-Nord n'est prescrit par aucun ancien règlement. Quand il a lieu, ce qui arrive assez rarement, il est effectué par les riverains qui creusent le lit chacun devant sa propriété. Ils agissent ainsi, non par obligation, car il n'y en a aucune, mais pour profiter de la vase qu'ils enlèvent du lit ou pour empêcher les eaux de s'étendre sur leurs champs.

Il existe toutefois quelques rivières ou ruisseaux dont le curage est prescrit par les règlements de police. Nous nous abstenons de relater ces règlements spéciaux, qui ne s'appliquent qu'à des cas particuliers.

### Compétence.

46. Les difficultés auxquelles donnent lieu les cours d'eau ne sont de la compétence du juge de paix que quand il s'agit d'entreprises commises dans l'année. (Art. 6, loi du 25 mai 1838).

Celles relatives au curage des fossés et canaux sont de la compétence du juge de paix, quand les droits de propriété ou de servitude ne sont pas contestés. (Art. 5 de la même loi).

# CHAPITRE II.

## Du Bornage.

ART. 646 C. C. — Tout propriétaire peut obliger son voisin au bornage de leurs propriétés contiguës. Le bornage se fait à frais communs.

47. On appelle *bornage* l'action de planter des bornes, et *bornes*, les signes qui servent à marquer la limite de deux propriétés contiguës.

48. L'article 646 laisse à déterminer de quelle manière se fait le bornage, ou, ce qui revient au même, à quels signes on reconnait les bornes.

Dans le département, on se sert pour borner, d'une pierre longue que l'on place en terre de manière que sa sommité, plus ou moins pointue, paraisse au-dessus du sol. Quand la pierre est anguleuse, on fait en sorte que deux des angles opposés se trouvent dans la direction de la limite des deux héritages ; mais cette précaution est peu importante, parce qu'il faut toujours deux bornes pour indiquer une ligne droite, et au moins trois pour marquer une ligne courbe.

Dans la plus grande partie du département, on place aux côtés de la borne, les deux morceaux d'une pierre qu'on a brisée, et dont la réunion sert à caractériser la borne qu'ils entourent ; on les nomme, par ce motif, *témoins*. Quelquefois les témoins se placent, non aux côtés de la borne, mais au-dessous. Enfin, dans quelques endroits, on remplace les témoins par des morceaux de verre ou par du charbon.

Il serait inutile de faire connaître l'usage de chaque lieu, parce que les signes indiqués, placés sous une pierre ou autour d'une pierre, suffisent partout pour lui donner le caractère d'une borne.

Les bornes posées, on devrait toujours dresser un procès-verbal, constatant à quelle distance de tel mur, de tel arbre ou de tel autre objet permanent elles ont été placées. Ce serait le moyen de prévenir bien des contestations.

49. L'art. 6 , n° 2 , de la loi du 25 mai 1838 , attribue aux juges de paix la connaissance de l'action en bornage , lorsque la propriété ou les titres qui l'établissent ne sont pas con-testés.

# CHAPITRE III.

## Des Murs de clôture.

Art. 663 C. C. — Chacun peut contraindre son voisin, dans les villes et faubourgs, à contribuer aux constructions et réparations de la clôture faisant séparation de leurs maisons, cours et jardins assis ès-dites villes et faubourgs. La hauteur de la clôture sera fixée suivant les règlements particuliers ou les usages constants et reconnus ; et, à défaut d'usages et de règlements, tout mur de séparation entre voisins, qui sera construit ou rétabli à l'avenir, doit avoir au moins trente-deux décimètres (dix pieds) de hauteur, compris le chaperon, dans les villes de cinquante mille âmes et au-dessus, et vingt-six décimètres (huit pieds) dans les autres.

50. Les dispositions de l'art. 663 ne s'appliquent que dans les villes et leurs faubourgs ; il faut donc rechercher quels sont les lieux du département des Côtes-du-Nord que l'on doit considérer comme villes.

Il est souvent très-difficile de reconnaître quand une communauté d'habitants forme une ville, et lorsque des intérêts privés amènent devant les tribunaux l'examen de cette question, ce n'est pas sans embarras que les juges se décident. Sans doute, ils peuvent examiner, si, dans des actes administratifs récents, le nom de ville a été donné au lieu qu'il s'agit de qualifier (1) ; rechercher le nombre et l'importance des maisons, des affaires, des établissements publics ; mais quelque utiles qu'ils puissent être, ces moyens de décision ne fournissent pas une règle fixe, une base certaine. Ne serait-il pas à désirer cependant qu'il en existât une qui fût toujours la même, et prévînt l'embarras et l'arbitraire des juges ? Un arrêt de la cour royale de Rennes du 9 mars 1820 (2) pourrait, nous semble-t-il, servir de point de départ en cette matière ; voici quelques-uns de ses motifs :

« La cour, considérant que le mot *ville*,
» dans son acception usuelle et commune,
» emporte l'idée d'une population nombreuse

---

(1) Pardessus, Servitudes, n° 147.— Dalloz, Diction. général, V° Servitudes, p. 302, n° 354.

(2) Journal de la Cour, tom. 6, p. 481.

» à laquelle sont réunis des établissements pu-
» blics, pour l'harmonie de l'association géné-
» rale, et des besoins civils et commerciaux ;
» Considérant qu'il est reconnu que la po-
» pulation de la ville de Pontrieux (Côtes-du-
» Nord) n'excède pas douze à quinze cents
» âmes, et qu'elle n'a d'établissements que
» ceux qui sont communs aux simples bourgs;
» que conséquemment elle ne possède rien
« qui caractérise une ville, et que c'est mal
» à propos qu'elle est qualifiée telle au pro-
» cès ; d'où suit que l'art. 663 ne lui est
» pas applicable, etc., etc... »

Dans cet arrêt, la cour examinait deux choses :

1° Le nombre d'individus agglomérés ;

2° L'existence d'établissements publics, susceptibles de faire considérer comme villes des lieux dont la population agglomérée ne serait pas à elle seule assez considérable pour être décisive.

Nous ferons remarquer dès ici, en ce qui concerne les établissements publics de nature à faire donner à un centre de population le titre de ville, que, dans notre département, ils se trouvent tous réunis dans les chefs-lieux d'arrondissement : ce sont, en effet, les sous-préfectures, les tribunaux, les directions de finances, les recettes particulières ; en un mot, les centres d'administration.

On refusait à Pontrieux le nom de ville, parce que sa population n'excédait pas quinze cents âmes. Ne pourrait-on pas dire alors en thèse générale : *Sera considérée comme ville toute agglomération de quinze cents âmes et au-dessus?* Cette règle n'aurait rien que de fort raisonnable.

Les auteurs du *Dictionnaire du Notariat*, v° *commune*, enseignent que si le mot ville a un sens légal (ce que nous regardons comme hors de doute), il signifie réunion d'au moins mille habitants, ainsi qu'on l'avait d'abord proposé lors de la discussion de l'art. 974 du Code civil (1). Mais ce chiffre de mille âmes nous paraît trop peu élevé, et celui que nous proposons comme règle nous semble se rapprocher davantage de la réalité. On motiverait son adoption, et sur l'arrêt que nous venons de citer, et sur ce qui se passe tous les cinq ans lors du recensement de la population ; on forme, en effet, un chapitre

---

(1) Locré, Législation de la France, tom. 2, pag. 320.

à part de toutes les communes ayant une population agglomérée de quinze cents âmes au moins. Ce chiffre fournirait une règle d'autant plus rationnelle qu'elle s'accorderait avec les habitudes du langage qui, malgré les prétentions des petits endroits, n'attribuent guère le nom de ville à des réunions de moins de quinze cents habitants.

51. D'après l'interprétation que nous donnons à l'art. 663 du Code civil, les villes du département seraient celles qui sont indiquées dans le petit tableau ci-dessous ; nous avons mis en regard le chiffre de leur population agglomérée suivant le dernier recensement.

| | |
|---|---|
| Saint-Brieuc. | 10,286 |
| Lamballe. | 4,206 |
| Quintin. | 4,112 |
| Paimpol. | 1,852 |
| Moncontour. | 1,678 |
| Dinan. | 7,533 |
| Guingamp. | 5,952 |
| Pontrieux (1). | 1,524 |

---

(1) Pontrieux, comme on le voit, a maintenant pris rang parmi les villes, même aux termes de l'arrêt qui lui refusait cette qualité ; sa population et surtout son importance se sont beaucoup accrues depuis 1820.

Lannion . . . . . . . . . . . . 5,491
Tréguier . . . . . . . . . . . . 3,382
Loudéac . . . . . . . . . . . . 1,884

Il est possible que l'on trouve cette liste de nos villes bien restreinte ; mais elle ne peut-être, pensons-nous, plus étendue dans le sens de la loi, que nous n'avons ici qu'à interpréter.

*Châtelaudren* (1), *Plancoët* (2), *Lanvollon*, *le Portrieux* dans l'arrondissement de Saint-Brieuc ; *Broons*, *Jugon*, *Matignon* dans l'arrondissement de Dinan ; *Belle-Isle*, *Callac*, *Rostrenen* dans l'arrondissement de Guingamp ; *la Roche-Derrien* dans l'arrondissement de Lannion ; *Corlay*, *Gouarec*, *la Chèze* dans l'arrondissement de Loudéac, étaient autrefois appelés villes, ainsi que l'apprennent de vieux titres historiques et même des actes légaux anciens, mais nous ne pensons pas qu'ils puis-

---

(1) Un propriétaire de Châtelaudren nous racontait qu'ayant eu l'intention d'user du bénéfice de l'art. 663 du C. C. pour forcer son voisin à se clore, il fut obligé d'y renoncer, Châtelaudren n'étant point assez peuplé pour être considéré comme ville. Ce fait prête une nouvelle force à notre système.

(2) MM. les juges de paix de Plancoët, Uzel et Callac, ne considèrent pas ces lieux comme villes.

sent être pris en considération. Ce qui prouve combien peu l'on doit s'arrêter à cette désignation de ville trop légèrement donnée dans certains actes, c'est qu'on l'étendait à des endroits encore bien moins peuplés que ceux que nous venons de citer. Dans l'acte de fondation d'un hôpital aux *Ponts-Neufs*, le 25 mai 1397, on donne à cette bourgade le nom de ville. *Bourbriac* est aussi qualifié de cette manière dans la réformation de 1543, dont le manuscrit se trouve à la bibliothèque de Saint-Brieuc; et enfin Ogée appelle *Pordic* une petite ville. Si cependant ces différents lieux méritaient ce titre, où seraient les bourgs?....

Nous ne pouvons donc étendre plus loin que nous ne l'avons fait, le nombre des villes de notre département; ce serait pourtant le seul moyen d'arriver à compter en Bretagne les 426 villes qu'avant la révolution on prétendait y trouver (1). Nouvelle preuve de l'abus que l'on faisait, et que souvent encore on fait de ce mot.

52. Il est moins difficile de reconnaître les

_______________

(1) Notions historiques sur les Côtes-du-Nord par M. le Président Habasque, tom. 1, p. 349, note 2.

faubourgs que les villes. On entend par faubourgs la continuité des maisons et murs, qui sont hors des portes ou des barrières d'une ville ; aussitôt que cette continuité cesse, les faubourgs n'existent plus.

53. Les expressions *leurs maisons, cours et jardins*, contenues en l'art. 663, sont-elles limitatives ?

Toullier, tome 3, n° 165, pose en principe qu'on ne doit pas appliquer cet article aux terrains cultivés et aux prairies situés derrière les maisons et jardins. Cette interprétation est conforme au principe qui veut qu'on n'étende pas les servitudes au-delà des termes bien précis de la loi qui les établit ; aussi a-t-elle été adoptée par un arrêt de la cour royale de Limoges du 26 mai 1838, qui néanmoins a décidé : « que les mots *cours* » et *jardins* ne sont pas restrictifs à ce point, » qu'il faille nécessairement que les terrains » que le mur doit séparer soient en nature » de cours et de jardins ; mais qu'ils doivent » être étendus au cas où il s'agit d'héritages » susceptibles d'être assimilés à cette espèce » de fonds, comme faisant une dépendance » intime de l'habitation ».

54. L'article 656 du C. C. porte que tout

copropriétaire d'un mur mitoyen peut se dispenser de contribuer aux réparations et reconstructions en abandonnant le droit de mitoyenneté. La question de savoir si cette disposition est applicable au cas de l'art. 663 est très-controversée (1). Dans la pratique suivie à Saint-Brieuc, on admet l'affirmative.

55. Voyons maintenant quelle est la hauteur à donner aux murs de clôture.

Par application de l'art. vi de l'usance de Nantes, on donnait avant le Code, dans plusieurs villes de notre département et notamment à Dinan, sept pieds de hauteur aux murs de clôture. Cet article est ainsi conçu :

« Ès-ville et fauxbourgs de Nantes, tous
» murs sont communs entre voisins, jusqu'à
» neuf pieds ; c'est à sçavoir, deux pieds en
» terre, *sept pieds au-dessus de terre*, qui n'a

----

(1) AFFIRMATIVE. Malleville, tom. 2, p. 118.—Toullier, tom. 3, n° 163. — Cassation, 29 décembre 1819. Sirey, 1820, 1, 166, et 15 mars 1828. Sirey, 1828, 1, 292.

NÉGATIVE. Pardessus, Servitudes, n° 168.—Delvincourt, tom. 3, pag. 46 et suiv. — Duranton, tom. 5, n° 319.— Dalloz, tom. 25, pag. 190 et 194, n° 28. — Le Page, tom. 1er, p. 96 et suiv. — Boileux, sous l'art. 663. — Solon, Servitudes, n° 222.— Rennes, 9 mars 1820, *J. de la Cour*, tom. 6, p. 481.— Amiens, 15 août 1838. Sirey, 1839, 2, 157.

» titres par lettres ; fenestres , marques ou
» autres enseignemens. »

Comme on le voit , on ne s'occupait dans
cet article que de la mitoyenneté des murs ,
et de la hauteur jusqu'à laquelle elle était présumée exister ; aussi paraît-il étrange que ses
prescriptions aient pu faire loi, en ce qui concerne la hauteur à donner aux murs de clôture. Cela est d'autant plus bizarre que l'art.
xvi de la même usance , qui prévoit absolu-
ment le cas dont nous nous occupons , était
seul applicable à la matière. Voici le texte de
cet article :

« Quand il y a héritage déclos entre voi-
» sins , et l'un d'eux veut qu'il soit fait clô-
» ture entr'eux , si l'un n'y veut contribuer ,
» l'autre le peut faire à ses dépens , et pour
» ce faire , prendre de l'héritage de son voi-
» sin , jusqu'au montement de la moitié dudit
» pied et demi , qui sera de l'épaisseur de
» ladite muraille, *qu'elle sera à sept pieds et de-*
» *mi de hauteur hors de terre* , et néanmoins
» sera icelle muraille commune entr'eux , sans
» que celui qui a fait ladite muraille en ait
» aucune mise ne récompense de son voisin.
» Et sera tenu, celui qui bâtira ladite muraille ,
» laisser fenestres et marques d'un côté et

» d'autre, pour témoignages de ladite com-
» munauté ».

Il résulte de la comparaison des art. VI et XVI que nous venons de citer, que la hauteur jusqu'à laquelle les murs étaient *présumés mitoyens* était de sept pieds hors de terre ; que celle à laquelle devaient s'élever les murs de clôture était de sept pieds et demi au-dessus du sol. La hauteur indiquée par ces articles n'étant pas la même, ils n'ont pas eu le même but ; ils n'ont donc pu être appliqués indifféremment l'un ou l'autre au cas que nous traitons.

56. Quoi qu'il en soit, dans toutes les villes du département des Côtes-du-Nord, on a abandonné les règles anciennement suivies , pour se conformer aux prescriptions du Code, relativement à la hauteur à donner aux murs de clôture , et on la fixe à 0,26 décimètres, ( 8 pieds).

57. Si le mur s'établit sur un terrain plat, pas de difficulté ; mais qu'arrive-t-il, si les deux terrains sont d'une hauteur inégale? Delvincourt , p. 166 , n° 5 , et Toullier , tome 3 , n° 162 , pensent que celui dont le sol est le plus bas, doit contribuer pour moitié aux frais de clôture , depuis la fondation jusqu'à huit pieds au-dessus de la hauteur de son

terrain , et celui dont le terrain est le plus
élevé , contribuer pour l'autre moitié, et achever en outre , de son côté , l'élévation du mur
jusqu'à la hauteur voulue par la loi.—Pardessus (1), dont l'opinion nous semble plus rationnelle , pense qu'à défaut de titres, c'est
au propriétaire dont les travaux ont changé le
niveau des terres à payer les frais nécessaires
au soutènement , et que la hauteur ne doit
ensuite être comptée que de l'héritage le plus
élevé.

58. Il peut paraître extraordinaire au premier
abord que la loi, ayant fixé la hauteur des clôtures dans les villes et faubourgs, à défaut
d'usages constants et reconnus, n'ait point en
même temps déterminé quelle en devrait
être l'épaisseur. On en sentira facilement la
raison : dans chaque endroit, on se sert des
matériaux que l'on a sous la main , et l'épaisseur à donner aux murs de clôture varie , et
doit naturellement varier en raison de la qualité de ces matériaux. Il en est de même de la
profondeur à laquelle les fondations doivent
être faites. Cela dépend du fonds sur lequel on

_______________

(1) Servitudes , n° 150.

bâtit. Tel terrain, en effet, est solide dès sa surface, et tel autre demande à être fouillé très-avant, pour pouvoir supporter convenablement un mur.

Le plus communément, dit Vaudoré, tome 1<sup>er</sup>, p. 32, n° 191, les murs de clôture doivent avoir un demi-mètre d'épaisseur. Des renseignements pris par nous près des hommes spéciaux, il résulte que, dans le département, l'épaisseur qui leur est donnée varie de 0,50 à 0,66 centimètres. Dans les villes de Saint-Brieuc, Lamballe et Guingamp, elle est de 0,50 centimètres. Dans la ville de Pontrieux, de 0,55 centimètres ; dans celles de Quintin, Paimpol, Loudéac, Lannion, elle varie de 0,60 à 0,66 centimètres.

59. L'épaisseur de 50 centimètres est suffisante pour des murs de 26 décimètres de hauteur construits en moellon. Si l'on admettait cette épaisseur en principe, celui des voisins qui voudrait en donner une plus grande devrait prendre l'excédant sur son terrain et supporter seul le surplus de la dépense.

60. Dans le département, on se sert de moellon pour la construction des murs de clôture. Le voisin qui désirerait employer des

matériaux d'un prix plus élevé paierait seul l'excédant des frais.

La maçonnerie se fait à mortier d'argile, et l'on rejointoie à chaux et sable. Dans la ville de Saint-Brieuc, l'usage préférable de la maçonnerie à chaux et sable prend faveur; il en est de même à Quintin, Dinan et Guingamp.

61. La faculté de requérir la clôture n'est pas susceptible de prescription : elle dérive de la loi; chacun est libre d'en user ou de n'en pas user, et le non exercice pendant un temps plus ou moins long ne saurait la faire perdre.

62. Les difficultés que soulève l'article 663 du Code civil doivent être portées devant le tribunal de première instance de la situation de l'objet litigieux.

# CHAPITRE IV.

## Des Douves et Fossés.

Art. 668 C. C. — Le fossé est censé appartenir exclusivement à celui du côté duquel le rejet se trouve.

63. Dans le département, comme dans toute la Bretagne, on nomme *douve* ce que le Code appelle *fossé*, et *fossé* ce qu'il appelle *levée* ou *rejet de terre*. Pour nous faire mieux comprendre, nous emploierons ces expressions dans le sens qu'on y attache dans le pays, lorsqu'on dit : *qui a le fossé a la douve.*

64. Effectivement, la douve appartient de droit à celui sur le terrain duquel se trouve le fossé ou rejet de terre.

S'il y a des fossés des deux côtés de la douve, ou s'il n'y en a d'aucun côté, elle est censée mitoyenne (1). Mais ce n'est là qu'une présomption qui céderait à la preuve contraire. Une borne placée de l'un des côtés de la douve est un titre suffisant pour établir la non-propriété du voisin du côté duquel elle se trouve (2). La possession annale ne suffit pas pour détruire la présomption légale de mitoyenneté (3); elle autorise seulement l'action possessoire de la part du propriétaire qui serait troublé dans sa jouissance.

Le fossé a chez nous bien plus d'importance que la douve, parce que, par son élévation et par les bois piquants et rapprochés qui le couvrent ordinairement, il oppose un obstacle bien plus grand au passage des bestiaux dans les champs.

65. Les questions que le Code laisse à décider d'après l'usage des lieux, se rapportent à la largeur des douves et à la manière

---

(1) Poullain du Parc, tom. 8, p. 30, n° 17.—Toullier, tom. 3, n° 226.

(2) Duranton, tom. 5, n° 349.— Pardessus, Servitudes, n° 183.

(3) Douai, 15 février 1836, *J. du P.*, tom. 27, p. 1076.— Poitiers, 23 juin 1836.— Sirey, tom. 37. 2. 116.

de la mesurer, à leur inclinaison du côté du champ voisin et à l'espace à laisser entre ce terrain et leur bord extérieur.

Le propriétaire est libre de donner à son fossé telle élévation et telle épaisseur qu'il lui plaît ; il s'ensuit qu'il peut aussi donner à sa douve la largeur et la profondeur qui lui conviennent, car naturellement la largeur et la profondeur de la douve doivent être proportionnées aux dimensions du fossé, ainsi qu'à la nature plus ou moins consistante du terrain. Aucun usage ne contredit ce droit.

66. Il est cependant utile de connaître quelle est la largeur ordinaire des douves pour déterminer l'espace de terrain que le propriétaire peut réclamer au-delà de son fossé, quand l'ancienne dimension de la douve n'est plus reconnaissable.

Dans certains endroits, la largeur des douves est de 1 mètre ; dans d'autres, de 0,83 centimètres, et quelquefois de 0,66 centimètres ; on nous écrit même que, dans les terres fortes des cantons de Paimpol et Pontrieux, elle n'est que de 0,50 centimètres ; il paraît aussi que le plus grand nombre des douves des deux cantons de Dinan n'a que cette dernière largeur.

La manière de mesurer la largeur des douves est également très-variée : ici on compte à partir du premier rang de plants ; là , du sommet du fossé ; ailleurs , du milieu de sa hauteur ; dans beaucoup d'endroits, enfin , on mesure à partir du niveau du sol.

67. Comme ces différents usages sont bien éloignés d'être assez constants et assez généralement suivis dans le département, pour qu'on puisse en tenir beaucoup de compte , nous pensons que partout , à l'exception des deux cantons de Dinan et des terres fortes de ceux de Paimpol et Pontrieux ; on peut partir de la supposition qu'au niveau du champ voisin , la douve avait o,83 centimètres (2 pieds 1/2) de largeur, y compris sa berge ou son franc-bord: Il est au moins bien sûr que c'est l'usage le plus général et le plus constant.

68. Le voisin a , d'après l'usage comme d'après les principes, le droit d'exiger que le revers extérieur de la douve soit assez incliné pour que les terres ne tombent pas facilement dans le creux ; l'inclinaison la plus ordinaire est de 45 degrés.

69. Indépendamment de cette première précaution qui serait insuffisante, l'usage et l'esprit de la loi autorisent encore le voisin à

demander qu'il soit laissé, entre son terrain et le revers extérieur de la douve, un espace libre appelé *berge*, *franc-bord*, *repare*. Un arrêt de la cour de Dijon, du 22 juillet 1836 (*Journ. du Palais*, tom. 27, p. 1540), a posé les vrais principes sur ce point ; voici quelques-uns de ses motifs :

« Considérant que celui auquel appartient
» un fossé (douve) doit, jusqu'à preuve
» contraire, être présumé propriétaire au-
» delà du bord extérieur d'un pied ou 0,33
» centimètres de terrain ; que cette présomp-
» tion résulte de l'obligation imposée à celui
» qui ouvre un fossé (douve) pour se clore,
» de laisser un pied entre la ligne séparative
» des deux héritages et le bord du fossé
» (douve) ; que cette obligation, fondée sur
» un usage généralement suivi en France, est
» attestée par Desgodets et Goupil dans leur
» Traité des lois des bâtiments. Considérant
» que l'on argumenterait inutilement de ce
» que l'obligation dont il s'agit ne se trouve
» pas dans le Code civil ; que l'on doit en ef-
» fet tenir pour constant que les usages lo-
» caux et anciens, surtout ceux qui intéres-
» sent l'agriculture, n'ont pas été abolis, à
» moins qu'ils ne soient incompatibles avec

» les dispositions du Code civil ; que, dans le
» cas particulier, l'usage invoqué est fondé
» sur ce principe de justice que nul ne peut
» user de sa chose en causant préjudice à
» autrui ; que si l'on pouvait ouvrir un fossé
» (douve) sur la ligne séparative des héri-
» tages, sans rien laisser au-delà, le proprié-
» taire voisin serait presque toujours dans
» l'impossibilité de cultiver la totalité de son
» fonds, même en s'exposant à faire ébou-
» ler sa terre dans le fossé (douve) ; que les
» bornes délimitatives seraient nécessairement
» déracinées et renversées, etc., etc..... »

Aucun usage ne saurait être invoqué contre le principe que consacre cet arrêt ; mais la décision de la cour de Dijon n'est pas applicable chez nous en ce qui concerne l'étendue du terrain à laisser. Cette étendue n'est, dans tout le département, que de 16 centimètres 1/2 (6 pouces), lorsque les douves n'ont que la largeur ordinaire.

70. Il reste à faire observer que le proprié-taire contre le terrain duquel on creuse une douve peut toujours, en demandant un bornage, prévenir la perte qui résulterait pour lui, de ce que l'éboulement des terres accroî-trait la largeur de la douve à ses dépens.

C'est en quelque sorte le correctif du droit, accordé à celui qui fait une douve, de lui donner telle largeur et telle profondeur qu'il lui plaît.

Réciproquement, celui qui se trouve dans le cas de donner à sa douve une largeur inusitée, et qui craint qu'on ne vienne plus tard invoquer la présomption résultant de l'usage pour le priver d'une partie de son terrain, a la ressource de demander un bornage pour prévenir cette perte.

71. Les contestations auxquelles donnent lieu les fossés et les douves sont, au possessoire, de la compétence des juges de paix, et au pétitoire, de celle des tribunaux de première instance.

# CHAPITRE V.

## Des Plantations près du terrain d'autrui.

Art. 671 C. C.— Il n'est permis de planter des arbres à haute tige qu'à la distance prescrite par les règlements particuliers actuellement existants, ou par les usages constants et reconnus ; et, à défaut de règlements et usages, qu'à la distance de deux mètres de la ligne séparative des deux héritages pour les arbres à haute tige, et à la distance d'un demi-mètre pour les autres arbres et haies vives.

72. La défense de planter des arbres à une distance trop rapprochée de l'héritage voisin remonte à une antiquité fort reculée ; elle vient des lois de Solon, d'où elle passa dans celle des douze tables et de là dans les Pandectes de Justinien (1).

---

(1) La loi 13, livre 10 des Pandectes, titre 1er, *Finium regundorum*, apprend que l'on observait la loi décrétée à Athènes par Solon, *quam Athenis Solon dicitur tulisse.* Cette

Avant le Code, les parties de la France soumises au droit écrit observaient la distance de 5 et 9 pieds prescrite par les lois romaines. Ailleurs, les anciennes Coutumes françaises, tout en respectant le principe, variaient sur la distance à observer.

73. Poullain du Parc enseigne, tome 8, p. 33 et 34, des *Principes du droit*, que l'on suivait en Bretagne, « la règle générale qui autorise » le voisin à empêcher de planter des arbres » à moins de cinq pieds de distance de son » terrain ». Quant aux haies vives et autres arbres à basse tige, il n'y avait, suivant le même auteur, aucune règle. Les uns voulaient qu'on laissât un pied de distance, d'autres six pouces seulement ; aussi la possession d'une haie n'établissait-elle, au profit du propriétaire, aucune présomption de propriété sur le

---

loi, dont le texte grec est transcrit au Digeste, porte, dans la version latine : ..... *at verò oleam aut ficum ab alieno ad novem pedes plantato : cæteras arbores ad pedes quinque.* Ainsi, à l'exception de l'olivier et du figuier, tous les arbres pouvaient être plantés à 5 pieds du voisin. D'après M. Dureau de la Malle, Economie politique des Romains, Paris, 1840, le pied romain était égal à 8/27 de notre mètre, ce qui lui donne environ 30 centimètres.

terrain situé au-delà. A défaut de preuve, elle était censée établie sur la limite même de la propriété (1).

La règle indiquée par Poullain du Parc pour les arbres à haute tige, ne repose sur aucun article de la Coutume. Elle s'était introduite sans doute par analogie de ce qui se pratiquait dans les pays de droit écrit, et comme conséquence du principe général qu'il est défendu de nuire à autrui.

74. Quelque équitable qu'elle fût, cette règle était très-peu observée. Il suffit, pour s'en convaincre, de considérer les anciennes plantations établies pour l'ordinaire sur le sommet des rejets de terre appelés *fossés*, sans égard à la distance du champ voisin, quelquefois même sur la limite de ce champ.

Aussi Toullier, tome 3, n° 513, n'hésite-t-il pas à déclarer que cette règle n'était pas assez constamment suivie pour pouvoir être invoquée depuis la promulgation du Code civil, de préférence à ses dispositions.

Deux arrêts rendus par la cour de Rennes,

---

(1) Cette présomption doit encore être appliquée aux haies plantées avant le Code.

les 3 juillet 1813 et 19 juin 1838 (1), ont confirmé implicitement l'opinion de Toullier, en ordonnant l'abattis de bois plantés à moins de deux mètres des propriétés voisines.

75. L'application des distances fixées par l'art. 671 du Code civil se fait sans difficulté dans presque tout le département. Il y a cependant quelques cantons où l'on paraît croire que le mode suivi jusqu'à présent de planter, soit sur les fossés, soit sur la limite même de l'héritage voisin, constitue désormais un usage ayant force de loi. C'est une erreur.

Le Code n'a pas confirmé tous les usages, mais seulement ceux qui étaient *constants et reconnus*. Or, il n'y a d'usages reconnus que ceux qui sont constatés par des règlements ou par une exécution uniforme, longtemps prolongée et qu'on ne puisse attribuer à la tolérance. Les habitudes contraires à la loi et simplement tolérées ne peuvent acquérir ce caractère. Ce point a été décidé par un arrêt d'Amiens du 21 décembre 1821 (2), dans lequel on lit :

------

(1) Journal de la Cour, tom. 5, p. 116, et tom. 12, p 45.
(2) Sirey, tom. 22. 2. 297.

« Attendu que la commune de Cauchy était
» soumise, comme toutes les autres communes
» de la même province, à la disposition des
» lois romaines qui y formaient le droit com-
» mun en cette matière..... ;

» Que l'usage contraire que Landrieux pré-
» tend exister à Cauchy, et dont il offre la
» preuve, ne saurait être un autre usage que
» celui qu'on *retrouve dans les communes en-*
» *vironnantes et dans la plupart de celles de la*
» *même province, c'est-à-dire, l'habitude dans*
» *un grand nombre d'héritages de laisser croî-*
» *tre des arbres dans les haies, en deçà de la*
» *distance voulue par la loi,* habitude entrete-
» nue par la condescendance ou la négligence
» des propriétaires voisins, qui, tout au plus,
» pourrait aujourd'hui servir à établir la pres-
» cription après le laps de 3o ans......; mais
» qui n'a jamais été, ni ne saurait être regar-
» dée *comme un usage constant et reconnu.*»

Cet arrêt a posé les vrais principes sur la
matière.

La cour royale de Rennes s'est prononcée
dans le même sens, par l'arrêt déjà cité du 19
juin 1838. Le possesseur de la forêt de Tour-
vis demandait à prouver l'usage immémorial
des anciens propriétaires de planter des arbres

à haute tige jusque sur la limite de leur propriété. La cour rejeta la preuve, parce que,
dit-elle , *un semblable usage ne serait considéré que comme pure tolérance et ne pourrait préjudicier aux droits des propriétaires
voisins*.

Pardessus , dans son *Traité des servitudes*,
n° 340 , s'exprime ainsi : « Si les propriétai-
» res étaient dans l'habitude de planter des
» arbres sans observer aucune distance et
» sur le point extrême de leur propriété ,
» devrait-on rester perpétuellement soumis
» aux inconvénients qu'entraînent les planta-
» tions immédiates ? Nous ne saurions le
» croire......

« Il en est de la distance des arbres comme
» de la nécessité des murs de clôture ; la loi
» l'exige en principe ; rien ne peut y sous-
» traire, pas même l'usage ancien de n'en
» point observer. *Partout où existait un tel
» usage, on doit dire qu'il est aboli* ».

Il faut, en effet, reconnaître que l'intention
du législateur a été de défendre les plantations sur la limite du terrain et de prescrire
partout l'observation d'une distance. Quand
l'usage l'avait fixée, il a adopté l'usage : quand,
au contraire , l'usage n'en avait fixé aucune

d'une manière bien précise, il a pris soin de la déterminer lui-même.

Il est impossible de donner un autre sens à l'art. 671 ; car si l'on devait toujours se conformer à l'ancien usage en matière de plantation , jamais la distance fixée par le Code ne serait suivie : la seconde partie de l'art. 671 deviendrait ainsi d'une complète inutilité , ce qu'on ne peut admettre.

Il est donc bien certain que les distances prescrites par le Code doivent être observées dans tout le département.

76. La distinction entre les arbres à *haute tige* et les autres arbres présente souvent de grandes difficultés dans l'application. Pour les résoudre , il faut s'attacher au motif qui a porté le législateur à exiger pour les arbres à haute tige une distance de deux mètres. Il a cru évidemment que , plantés plus près, ils nuiraient sensiblement au voisin , soit en projetant leur ombre sur son fonds, soit en y puisant leur nourriture à l'aide des racines. Cette considération doit servir de guide au juge et le porter , dans les cas douteux , à classer parmi les arbres à haute tige ceux à longues et fortes racines , au feuillage épais et élevé ; tous ceux enfin qui , plantés à moins de deux mètres

du voisin , lui causeraient un préjudice notable. Il ne faut pas, du reste, s'attacher exclusivement à l'essence de l'arbre , mais considérer aussi sa nature et les conditions de sa
plantation.

Les auteurs s'accordent généralement à
ranger parmi les arbres à *basse tige* tous ceux
qui, parvenus à leur entier développement,
n'atteignent pas une hauteur de plus de cinq
mètres (1). Cette règle semble rationnelle, et,
en conséquence, nous croyons que l'on peut
classer comme suit les arbres de notre département :

*Arbres à haute tige* : ormes , chênes , frênes , tilleuls, aunes, marronniers , bouleaux,
ifs , pins , sapins , peupliers , saules, noyers,
châtaigniers, pommiers , poiriers , cerisiers ,
figuiers , pruniers et autres arbres analogues.

*Arbres à basse tige* : sureaux , lauriers, noi-
setiers , lilas , vignes , chèvrefeuilles , arbres
fruitiers nains, arbres fruitiers en quenouilles,
en espaliers ou en buissons ; enfin , haies et
bois taillis de toute essence , mais aménagés

----

(1) Rolland de Villargues , Répertoire de jurisprudence,
v° arbres.

par coupes de 12 ans ou moins. Toutefois, les baliveaux des taillis devraient être maintenus à une distance de deux mètres.

77. Les arbres des forêts sont soumis à la règle générale (1).

78. La distance se mesure à partir du centre de l'arbre et non de sa circonférence. Le Code, en fixant la limite où l'on peut planter, a prévu nécessairement le développement que l'arbre devait acquérir plus tard et en a tenu compte (2).

Lorsque les deux fonds sont séparés par un fossé, une haie ou un mur mitoyen, la distance se calcule du milieu du fossé, de la haie ou du mur (3).

79. Quand ils sont séparés par un ruisseau commun entre les deux riverains, la distance doit se compter du milieu du lit du ruisseau (4). Pardessus serait disposé à admettre une exception pour le cas où le ruisseau mitoyen au-

---

(1) Rennes, 19 juin 1838, *Journal des arrêts de Rennes*, tom. 12, p. 465.

(2) Boileux, sur l'article 672.—Duranton, tom. 5, n° 388.

(3) Boileux, sur l'article 671.—Duranton, tom. 5, n° 387.

(4) Duranton, tom. 5, n° 387.—Pardessus, Servitudes, n° 194.—Solon, n° 242.—Rolland de Villargues, v° arbres.

rait une largeur de deux mètres. Cette opinion est combattue par presque tous les auteurs. Cependant il semblerait naturel de tolérer dans ce cas la plantation sur le bord des rives. En le faisant, on ne se mettrait pas en opposition avec l'esprit du Code, puisque les racines et les branches des arbres seraient à la distance voulue du terrain utile du voisin. Rarement, d'ailleurs, les racines franchissent un ruisseau de deux mètres. Elles en suivent le cours si elles aiment l'eau et, dans le cas contraire, elles se développent du côté opposé. Un pareil mode de plantation est dans l'intérêt de l'agriculture ; il est utile surtout pour fixer les terres que l'eau pourrait entraîner ; il est enfin consacré par un usage général dans le département.

Nous ferons observer, à l'appui de cette opinion, qu'un arrêt de la cour royale de Bourges, confirmé par un arrêt de rejet de la cour de cassation, du 31 mars 1835 (1), a décidé, par application de l'art. 671, que l'on peut continuer de planter sur la rive des ruisseaux pour lesquels cet usage a été constamment suivi.

---

(1) Dalloz, tom. 35. 1. 371.

Si l'on admettait avec certains auteurs que le sol de tous les ruisseaux appartient à l'Etat, il n'y aurait aucune difficulté à décider que chaque riverain peut planter en observant seulement la distance de deux mètres à partir de la rive opposée.

80. Dans les propriétés closes de murs, on a l'habitude de planter les arbres à basse tige sans se préoccuper de la distance. Les espaliers surtout se placent presqu'immédiatement contre le mur mitoyen. Le voisin pourrait-il exiger qu'ils fussent reculés à un demi-mètre de la limite de sa propriété? Nous ne le pensons pas.

L'intérêt est la mesure des actions : or, il est évident que l'arbre ne nuit pas au voisin, quand un mur arrête le développement de ses racines et empêche son ombre de s'étendre. La demande ne serait donc dictée que par un esprit de chicane qu'on ne doit pas encourager.

D'ailleurs, l'usage signalé est bien constant dans toute l'étendue du département, et la jurisprudence et les auteurs admettent que la règle des distances peut être modifiée par l'usage pour les arbres des jardins, et généralement pour les plantations faites contre les murs (1).

Enfin, une décision récente du tribunal de Guingamp a appliqué ces principes aux arbres d'un jardin situé dans la ville de Pontrieux.

Tels sont les motifs qui nous portent à penser que les arbres à basse tige peuvent être placés près des murs sans égard à la distance. Nous n'étendons pas, toutefois, cette solution à ceux à haute tige, qui s'élèvent assez pour que l'ombrage n'en soit pas intercepté par le mur. L'usage, en ce qui les concerne, n'est pas contraire chez nous aux dispositions du Code.

Faisons remarquer, de plus, que le droit de planter ne confère pas celui d'espaler contre le mur quand il n'est pas mitoyen, et enfin que lors même qu'il est mitoyen, on est encore responsable du dommage causé par les racines ou les branches de ses arbres.

81. Les arbres placés à une distance trop petite doivent être arrachés sur la réquisition du voisin.

-------

(1) Cœpola, *de arboribus*. — Brisson. — Nouveau Brillon.— Goupy, sur Desgodets.—Coppeau, Législation rurale.—Rolland de Villargues, Répertoire de jurisprudence, v° arbres. —Pardessus, n° 340.—Solon, n° 239.—Pothier, second appendice au Traité de société, n° 242.—Cambolas, liv. 3, ch. 43.—Paris, 2 décembre 1820. Dalloz, 21. 2. 71.

On excepte, toutefois, ceux qui ont été plantés par le père de famille avant la séparation des deux héritages (C. C., art. 692 et 693), et ceux que l'on a acquis par la prescription le droit de conserver. La possession utile pour opérer la prescription date du jour de la plantation, si les arbres sont en évidence; du jour où ils dépassent le mur séparatif, si, dans le principe, ils ont été masqués par ce mur; du jour enfin où ils sont laissés comme baliveaux, s'ils dépendent d'une haie ou d'un taillis.

82. Les auteurs sont divisés sur le point de savoir si le droit acquis par la prescription de conserver des arbres plantés depuis plus de trente ans confère celui de les remplacer par d'autres. Nous ne le pensons pas. La possession n'a d'effet que relativement aux arbres mêmes dont on a joui. *Quantùm possessum, tantùm præscriptum.* D'ailleurs, quelque soin que l'on prît pour les placer dans les mêmes conditions que les premiers, des arbres nouveaux ne seraient identiques ni pour la forme, ni pour la hauteur, et greveraient de la servitude des portions de terrain libres auparavant. C'est dans ce sens que la cour royale de Rennes a tranché la question par l'arrêt du 19 juin 1838 cité plus haut.

83. Faisons observer, en terminant, que le voisin peut couper lui-même les racines qui s'étendent sur son héritage, et qu'il peut contraindre le propriétaire de l'arbre à supprimer les branches qui dépassent la limite de son terrain (C. C. 672).

Ce droit ne se prescrit pas.

L'exception que l'article 150 du Code forestier a faite pour l'élagage des arbres situés sur la lisière des bois et forêts, ne s'applique qu'à ceux qui avaient déjà 30 ans lors de la promulgation de la loi, et non à ceux qui croîtraient à l'avenir. Cela fut expliqué à la tribune, et cela résulte d'ailleurs de l'article 176 de l'ordonnance réglementaire pour l'exécution du Code forestier.

84. Les diverses actions auxquelles donne lieu l'article 671 sont de la compétence des juges de paix, aux termes des articles 5 et 6 de la loi du 25 mai 1838.

# CHAPITRE VI.

## Des Constructions nuisibles au voisin.

ART. 674 C. C.—Celui qui fait creuser un puits ou une fosse d'aisances près d'un mur mitoyen ou non ; celui qui veut y construire cheminée ou âtre, forge, four ou fourneau, y adosser une étable, ou établir contre ce mur un magasin de sel ou amas de matières corrosives, est obligé à laisser la distance prescrite par les règlements et usages particuliers sur ces objets, ou à faire les ouvrages prescrits par les mêmes règlements et usages, pour éviter de nuire au voisin.

85. La Coutume de Bretagne ne contient aucune disposition sur les constructions dont traite l'art. 674 du Code civil. Cependant on avait reconnu, sous l'ancienne législation, l'inconvénient grave qui serait résulté de l'absence de toute règle, et des usements locaux étaient venus suppléer à l'insuffisance de la Coutume.

L'usance de la *ville et faubourgs de Rennes* contient quelques dispositions à ce sujet. Celle des *ville, faubourgs et comté de Nantes* en renferme de plus étendues.

Dans le principe, ces usances furent spéciales pour les lieux dont elles portent le nom ; mais bientôt elles servirent de guides aux juges dans toute la province et devinrent le droit commun de la Bretagne entière. Il était, en effet, naturel d'y recourir ; les cas qu'elles prévoyaient se présentant trop rarement dans les communes rurales et dans les petites villes pour qu'il pût s'y établir un usage particulier, bien constant et bien déterminé.

Un arrêt du 26 avril 1763, rendu par le parlement de Bretagne (1), constate que, quoique l'usement de Rennes ne soit fait que pour cette ville et ses faubourgs, il s'observe cependant dans les autres villes de la province pour les dispositions qui sont conformes à l'équité et au droit commun.

Poullain du Parc, tome 3, p. 311 des *Principes du droit français suivant les maximes de Bretagne*, s'exprime ainsi : « L'usement de

---

(1) Journal du Parlement, tom. 5, p. 562.

» Rennes est de droit commun dans toute la
» province, à l'exception des deux premiers
» articles; et l'usement de Nantes, qui est beau-
» coup plus étendu et qui est tiré des Coutu-
» mes de Paris, Orléans et autres Coutumes
» du royaume, suppléé, dans toute la province,
» à ce qui n'est pas décidé par l'usement de
» Rennes. Nous avons observé ci-dessus que
» l'imprescriptibilité des droits de vue et égout
» n'a lieu que dans la ville et les faubourgs de
» Nantes ».

86. Dans les cas non prévus par les usements de Rennes et Nantes, on appliquait les
dispositions du titre 9 de la Coutume de Paris. C'est ce que nous apprend encore Poullain
du Parc, au tome cité, p. 312.

« La matière concernant les droits des
» voisins entre eux, pour les maisons de
» ville, est amplement traitée par les com-
» mentateurs du titre 9 de la Coutume de Pa-
» ris. Pour approfondir cette matière et les
» questions si fréquentes qui y ont rapport,
» on doit joindre à ces auteurs les *Lois des*
» *bâtiments* de Desgodets, commentées par
» Goupy ».

La Coutume de Paris suppléait ainsi chez
nous, comme dans tout ou presque tout le

reste de la France, à l'insuffisance des Coutumes locales (1).

Lors de la promulgation de l'article 674, les matières dont il traite étaient donc soumises à des règles bien déterminées. C'était plus qu'un simple usage, c'était un usage recueilli et constaté dans la même forme que les autres lois bretonnes.

87. Cependant les prescriptions des usements et de la Coutume de Paris n'ont pas été constamment observées sur tous les points du département : cela tient à plusieurs causes. Là première est, sans contredit, la rareté des occasions où elles auraient pu recevoir leur application. Dans les petites villes où le contact des habitants est moins immédiat, dans les campagnes surtout où les maisons sont presque toujours isolées, les cas régis par l'art. 674 se présentent rarement et cette circonstance a pu, dans plusieurs endroits, faire à la longue méconnaître l'existence de la règle. D'un autre côté, les relations de bon voisinage en ont souvent fait tolérer l'inexécution.

_______________

(1) Usages locaux du Tarn, par M. Clausade, p. 149.

Toutefois, l'inobservation des anciennes usances n'empêche pas qu'elles soient encore aujourd'hui la règle légale. Loin d'être abrogées, elles ont été confirmées par le renvoi que fait l'article 674 aux règlements et usages locaux. Aussi la jurisprudence les a-t-elle appliquées à différentes reprises. On peut consulter, entre autres arrêts, ceux rendus par la cour royale de Rennes, les 1er prairial an 12, 16 août 1820, 8 février 1828 et 24 août 1833 (1).

88. Voici les différentes règles extraites des Coutumes de Rennes, Nantes et Paris, que nous croyons applicables à notre département (2). Nous les avons classées dans un ordre méthodique.

### Première Règle.

Près d'un mur mitoyen ou appartenant au voisin, il faut élever un contre-mur :

1° de 0 m. 66 cent., à chaux et sable, pour une fosse d'aisances ;

---

(1) Journ. de la Cour, tom. 2. p. 80, tom. 6. p. 702, tom. 8. p. 490 et tom. 9. p. 400.

(2) Voir aux pièces justificatives les usances de Rennes et Nantes, et cinq articles de la Coutume de Paris.

2° de 0 m. 49 cent., à chaux et ciment, pour un puits ou une fosse de cuisine.

3° de 0 m. 33 cent., à chaux et sable, pour des terres jectisses (1) ;

4° de 0 m. 22 cent., à chaux et sable, pour étables et dépôts de matières corrosives. Le contre-mur dans les étables doit être élevé jusqu'à la hauteur de la mangeoire, et ailleurs jusqu'à celle des matières corrosives ;

5° de 0 m. 16 cent. 1/2 en briques au contre-cœur des cheminées. Ce contre-mur peut être remplacé par une plaque de fer fondu.

### Deuxième Règle.

On doit laisser un espace vide :

1° de 3 mètres entre les puits, fosses d'aisances ou égouts et le puits à eau du voisin, pourvu que ce puits soit édifié le premier ;

2° de 2 mètres entre un fossé à eau ou cloaque et le terrain du voisin ou le mur mitoyen ;

3° de 0 m. 33 cent. entre un four et le mur mitoyen ;

4° de 0 m. 16 cent. 1/2 entre une forge ou un fourneau et le mur mitoyen. Le mur de la

---

(1) Par les mots *terres jectisses*, on entend des terres rapportées.

forge ou du fourneau doit avoir en outre o m. 33 cent. d'épaisseur.

89. Au nombre des travaux indiqués ci-dessus, on en remarque plusieurs dont l'art. 674 ne parle pas, et pour lesquels on pourrait ainsi, au premier abord, se croire affranchi de toute précaution. Mais les auteurs s'accordent à reconnaître que l'art. 674 est énonciatif et non limitatif ; que, par suite, les dispositions des anciens règlements doivent être appliquées dans tous les cas analogues à ceux qu'il prévoit (1).

Si cette solution paraît donner quelque extension au texte du Code, il faut du moins reconnaître qu'elle rentre tout à fait dans son esprit. On concevrait difficilement, en effet, que le législateur eût imposé dans certains cas l'observation de mesures de précaution, et qu'il eût supprimé ces mêmes mesures dans d'autres cas où elles étaient tout aussi utiles.

90. Par application du même principe, on décide que, chaque fois que le voisin peut éprouver un préjudice de la construc-

---

(1) Boileux, sur l'art. 674.—Pardessus, Servitudes, n° 199. —Desgodets, note sur le n° 141.—Duranton, tom. 5, n° 402.

tion , si l'usage n'a pas prescrit les mesures à observer , il y a lieu de les faire préalablement déterminer par experts (1). On doit également recourir à des experts , quand celui qui construit offre de reculer son édifice pour se dispenser des travaux prescrits , ou quand il veut, au contraire , racheter par un contre-mur l'espace qu'il devrait laisser libre d'après la Coutume. Le terrain à laisser ou le contre-mur à faire doivent nécessairement dépendre de la nature du sol et de celle des matériaux (2).

91. Le Code parle des travaux à faire *contre un mur mitoyen ou non.* Or , le mur peut appartenir en entier à l'un ou à l'autre des voisins , ou être mitoyen entre eux. Doit-on distinguer entre ces différents cas?

Il faut d'abord reconnaître que l'on doit astreindre aux mêmes obligations celui qui construit contre le mur du voisin et celui qui construit contre un mur mitoyen. Dans ces deux cas , en effet , le droit du voisin s'étendant à la totalité du mur , il est fondé à exi-

---

(1) Le Page , tom. 1 , p. 128 et 129.

(2) Rennes , 16 août 1820 , *Journal des arrêts de Rennes,* tom. 6 , p. 702.—Riom, 14 novembre 1842. Sirey, t. 43. 2. 7.— Boileux , sur l'article 674.

ger l'exécution rigoureuse des travaux reconnus nécessaires pour le conserver intact.

Il n'en est plus ainsi quand le mur appartient à celui qui construit. Peu importe au
voisin qu'il se détériore ou non. Tout ce que
celui-ci peut exiger, c'est que la limite de
sa propriété soit séparée de la construction
par une épaisseur de mur suffisante pour la
préserver de tout dommage (1).

Un exemple expliquera notre pensée : l'art.
10 de l'usance de Rennes prescrit pour l'établissement des fosses d'aisances un contre-mur
de deux pieds à chaux et sable. Or, si la muraille
séparative, bâtie à chaux et sable, appartient
au constructeur de la fosse d'aisances, il lui
suffira d'élever un contre-mur d'une largeur
telle que, réuni à cette muraille, il présente
l'épaisseur de deux pieds, jugée suffisante pour
arrêter toute infiltration.

92. Il faut toutefois remarquer que, dans
ce cas comme dans tous les cas analogues, le
voisin, en achetant la mitoyenneté du mur,
acquerrait le droit d'exiger la démolition du
travail qui ne se trouverait plus dans les con-

---

(1) Le Page, tom. 1er, p. 133.

ditions prescrites. On ne peut, en effet, porter d'aucune manière atteinte au droit que le voisin tient de la loi d'acheter la mitoyenneté, et c'est pourtant ce qui aurait lieu s'il était obligé de se contenter d'un mur exposé à des causes incessantes de dégradation (1).

93. La Coutume de Paris, art. 189, interdit implicitement d'enclaver les tuyaux de cheminées, dans l'intérieur des murs mitoyens. Aussi, sous l'empire de cette coutume, les pignons ont-ils généralement une très-faible épaisseur (41 centimètres environ) (2). Le Code semble avoir adopté cet usage, car il trace dans l'art. 657 les mesures à prendre pour *adosser* une cheminée contre un mur mitoyen. Quelques auteurs, et notamment Le Page et Pardessus, en tirent la conséquence que les tuyaux doivent toujours, à moins de consentement des deux propriétaires, être seulement adossés contre le mur mitoyen.

Cependant un usage contraire, fondé sur l'art. 6 de l'usance de Rennes, s'est perpétué

---

(1) Desgodets, sur l'art. 188 de la Coutume de Paris. — Boileux, sur l'art. 661. — Delvincourt, p. 167, n° 16.

(2) Desgodets, sur l'art. 195 de la Coutume de Paris.

en Bretagne jusqu'à nos jours ; et pour que la solidité des pignons n'en soit pas compromise, on leur donne une épaisseur qui varie de 66 centimètres à un mètre, et même quelquefois plus.

Nous pensons que cet usage n'a rien d'illégal et que l'on peut continuer de placer les tuyaux de cheminées dans l'intérieur des murs mitoyens, toutes les fois que leur épaisseur permet de le faire sans en diminuer sensiblement la solidité, et sans compromettre les droits du voisin. Il faut seulement, à défaut de consentement de ce dernier, faire régler contradictoirement, par experts, les mesures à prendre pour que le nouvel ouvrage ne nuise pas à ses droits.

Il nous semble, en effet, que l'article 657 prévoit seulement le cas où il s'agit de placer une cheminée contre l'endroit où le voisin a assis ses poutres. On ne pourrait alors l'établir dans l'intérieur du mur sans s'exposer aux dangers de l'incendie. Mais, à part ce cas, on rentre dans la règle générale posée dans l'art. 662 qui autorise à pratiquer, dans le corps du mur mitoyen, même sans le consentement du voisin, tous les enfoncements qui ne nuisent pas à ses droits.

Le système opposé conduirait inévitable-
ment à cette conséquence que le voisin, en
achetant la mitoyenneté, acquerrait le droit
de faire détruire les cheminées établies dans le
mur avant son acquisition. En effet, le forcer
de les subir, ce serait porter atteinte aux droits
qu'il tient de la loi d'acheter la mitoyenneté
sans restriction. Dans notre opinion, au contraire, ces cheminées sont maintenues si elles
ne compromettent pas la solidité du mur, et
le voisin peut en établir à son tour de nouvelles, pourvu que les travaux antérieurs
n'en souffrent aucune atteinte.

Dalloz, dans son Dictionnaire général, supplément, v° Servitudes, n° 304, confirme
cette solution dans les termes suivants : « Il
» a été décidé également que la disposition
» de l'art. 662 du Code civil qui permet, sous
» certaines conditions, de pratiquer des en-
» foncements dans un mur mitoyen, est gé-
» nérale et comprend aussi bien les chemi-
» nées que tout autre enfoncement. 8 février
» 1840. Bastia. Tavera. D. P. 40, 2, 121.—
» Cette décision est consacrée seulement par
» les premiers juges. Elle nous semble résul-
» ter de la combinaison des articles 657, 662
» et 674. Seulement, le voisin dont le con-

» sentement n'aura pas été obtenu pourra
» faire supprimer ou modifier les travaux, s'ils
» compromettent sérieusement la solidité du
» mur, ou obtenir des dommages-intérêts,
» s'il éprouve un préjudice ou si la solidité
» du mur ne se trouve affectée que dans un
» avenir éloigné. C'est le cas de répéter l'a-
» xiome si sagement admis entre voisins : *res*
» *amarè non sunt tractandæ.* »

94. L'article 189 de la Coutume de Paris enjoint d'établir un contre-mur au contre-cœur des cheminées adossées à une muraille mitoyenne. Cependant l'usage a prévalu chez nous, et même à Paris, d'y substituer une plaque de fer fondu, qui conserve beaucoup mieux la muraille que le moyen indiqué dans la Coutume (1). Il est évident que l'on ne serait plus fondé désormais à demander l'exécution littérale de cet article.

95. On doit, suivant nous, décider de la même manière chaque fois que la science fournit quelque moyen certain de parer aux inconvénients que la Coutume a voulu empêcher.

-----

(1) Desgodets, sur l'art. 189 de la Coutume de Paris.

96. L'article 22 de l'usance de Nantes dispose que la vidange des puits, fosses d'aisances et égouts communs à deux maisons, doit se faire alternativement par chacune de ces deux maisons, et que les frais sont pour un tiers seulement à la charge de celui qui livre le passage ; les deux autres tiers restant au compte de l'autre propriétaire. Les auteurs décident que les usages de cette nature sont encore applicables aujourd'hui (1).

97. Parmi les prescriptions de l'article 674, les unes n'ont pour but que l'utilité du voisin ; d'autres, celles relatives aux forges, par exemple, intéressent la sûreté publique. Les parties pourraient convenir de négliger les premières, mais rien ne peut dispenser de l'exécution des secondes (2). Le règlement de police de la ville de Dinan contient même, dans l'intérêt de la sécurité publique et pour prévenir les dangers du feu, quelques dispositions qui aggravent les prescriptions de l'usage en ce qui concerne la construction des

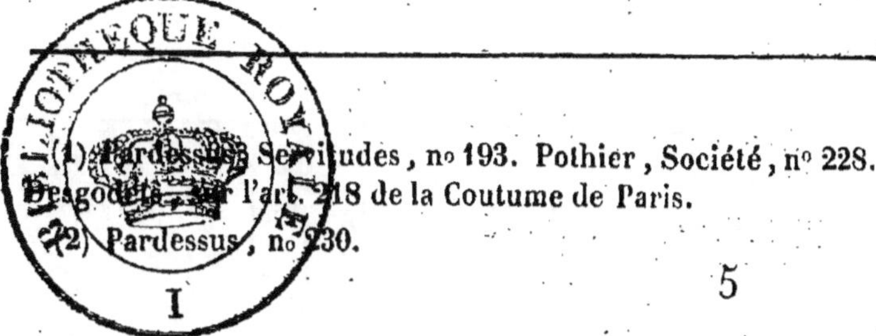

(1) Pardessus, Servitudes, n° 193. Pothier, Société, n° 228. Desgodets, sur l'art. 218 de la Coutume de Paris.
(2) Pardessus, n° 230.

I

fours, fournils, forges, tuyaux et pointes de cheminées.

98. L'observation scrupuleuse des dispositions de l'article 674 n'empêche pas celui qui construit, d'être responsable du dommage que sa construction peut faire éprouver au voisin. Les mesures prescrites sont uniquement préventives, et si l'effet attendu n'est pas produit, on retombe sous l'empire du principe général que chacun répond du dommage occasionné par son fait (1).

99. Les actions auxquelles donnent lieu les travaux et constructions énoncés dans le présent chapitre se portent devant le juge de paix de la situation, lorsque les droits à la propriété ne sont pas contestés. Quand il y a contestation sur la propriété du terrain ou du mur, l'action se porte devant le tribunal civil de première instance. (Art. 6 de la loi du 25 mai 1838).

_______________

(1) Boileux, sur l'art. 674. — Le Page, tom. 1er, p. 124.

# CHAPITRE VII.

## Des servitudes de passage.

ART. 682 C. C. — Le propriétaire dont les fonds sont enclavés, et qui n'a aucune issue sur la voie publique, peut réclamer un passage sur les fonds de ses voisins pour l'exploitation de son héritage, à la charge d'une indemnité proportionnée au dommage qu'il peut occasionner.

ART. 696 C. C. — Quand on établit une servitude, on est censé accorder tout ce qui est nécessaire pour en user.

100. Les passages qui s'exercent à titre de servitude sur le terrain d'autrui sont de deux sortes : les passages proprement dits et le tour d'échelle. Nous en traiterons séparément.

### § I<sup>er</sup>. — *Du passage proprement dit.*

101. Avant le Code civil, cette servitude pouvait s'acquérir en Bretagne par une possession suffisamment prolongée. Maintenant il

n'en est plus ainsi ; il faut toujours un titre pour la constituer , à moins qu'il ne s'agisse d'un passage nécessaire à l'exploitation d'un fonds enclavé , cas dans lequel la possession trentenaire devient suffisante. (Art. 691 et 685 du C. C.)

102. Il est utile de rechercher quelle largeur de terrain peut être exigée pour l'exercice du passage , à défaut de convention sur ce point.

Dans les parties de la France soumises au droit écrit , on suivait la règle romaine qui attribuait huit pieds au passage avec charrettes, *via* ; quatre pieds à celui avec bestiaux , *actus* ; et deux pieds à celui pour piétons seulement , *iter* (1).

Dans les pays coutumiers , on suivait les dimensions fixées par les coutumes locales. Ces dimensions variaient de 8 à 10 pieds pour les passages avec voitures , de 5 à 7 pieds pour ceux avec bestiaux et de 2 pieds 1/2 à 3 pieds pour ceux à piétons (2).

Quoique ces lois et coutumes ne soient plus

_____________

(1) *Heineccius, elementa juris secundum ordinem institutio- num* , § 499.

(2) Vaudoré, tom. 1er, n° 654.

en vigueur, il est naturel d'y recourir dans chaque endroit pour déterminer la largeur des servitudes dans le silence des conventions; car on doit supposer que les parties, en ne s'expliquant pas, ont entendu s'en rapporter à l'usage des lieux (1).

En Bretagne, il n'y avait rien de réglé à ce sujet par la Coutume ou par les usements. Il existe seulement quelques arrêts de règlement du parlement de Bretagne (2) qui fixent à huit pieds le minimum de largeur des chemins de village à village dans les environs de Dinan.

103. Dans les cas ordinaires, l'usage veut qu'on assigne, pour un passage à toutes fins, 26 décimètres en chemin droit et le double dans les détours. Cette largeur, fixée par la loi romaine et adoptée par le parlement de Bretagne, est suffisante pour la libre circulation d'une voiture.

Pour les passages avec bestiaux, on accorde ordinairement un mètre et demi, et un mètre pour les passages à piétons.

---

(1) Pardessus, Servitudes, n° 237.

(2) Arrêts des 7 décembre 1752 et 8 février 1775. *Journal du Parlement*, tom. 4, p. 449.

Ces usages se sont établis par application du droit romain légèrement modifié, et ils reposent sur le principe qu'il doit être accordé tout le terrain nécessaire pour l'exercice commode de la servitude et qu'il n'est dû rien au-delà.

## § 2. — *Du tour d'échelle.*

104. Les mots *tour d'échelle* se prennent dans deux acceptions différentes.

Tantôt on appelle ainsi un espace de terrain que le propriétaire a laissé libre autour de son édifice, tantôt on désigne par ces mots la servitude de passage qui s'exerce sur le terrain du voisin pour réparer l'édifice qui y joint immédiatement.

Nous n'avons à nous occuper ici que du *tour d'échelle* considéré sous ce dernier point de vue.

Les fréquentes discussions auxquelles donne lieu cette servitude portent, ou sur le point de savoir si elle est due, ou sur l'étendue du terrain assujetti dans chaque cas particulier à son exercice.

Nous allons traiter successivement ces deux points.

105. L'art. 691 de Code civil dispose que
« les servitudes continues non apparentes,
» et les servitudes discontinues apparentes ou
» non apparentes ne peuvent s'établir que par
» titres. La possession même immémoriale ne
» suffit pas pour les établir ; sans cependant
» qu'on puisse attaquer aujourd'hui les ser-
» vitudes de cette nature déjà acquises par la
» possession , dans les pays où elles pouvaient
» s'acquérir de cette manière ».

La servitude de tour d'échelle étant discon-
tinue ne peut donc s'établir que par titres.
Cette règle s'applique à toutes les constructions faites postérieurement à la promulgation
du Code.

Plusieurs auteurs considèrent la servitude
de tour d'échelle comme l'accessoire obligé
du droit d'égout. Ils déduisent cette conséquence de la combinaison des art. 696 et 697.
Leur opinion , combattue victorieusement par
Toullier, tome 3 , n° 560 , a été repoussée par
la jurisprudence (1).

106. Avant la promulgation du Code , le
tour d'échelle constituait, en cas de nécessité,

---

(1) Bordeaux , du 20 décembre 1836.—Sirey, t. 38. 2. 132.

une servitude légale dans toute l'étendue de
la Bretagne , en vertu de l'art. 17 de l'usance
de Nantes , qui porte : « Quand aucun fait
» édifier ou réparer en son héritage , et ne le
» peut sans endommager son voisin , ou sans
» passer par sa maison et héritage , celui voi-
» sin est tenu lui prêter et donner patience à
» ce faire , et lui souffrir que , par sa maison
» ou héritage , celui bâtisseur passe ses at-
» traits , soient poultres , gouttières ou autres
» choses , si ledit bâtisseur ne les peut com-
» modément passer par ailleurs. Parce toute-
» fois que l'édifiant est tenu réparer, réta-
» blir et mettre à dû état à ses dépens , tout
» ce qu'il aurait rompu , démoli et gâté à son
» dit voisin. Et ne peut l'édifiant , pour rai-
» son de ce que dessus , acquérir droit ne
» possession contre , ne au préjudice de
» celui qui a donné ou souffert ladite pa-
» tience. »

Cette servitude légale, abrogée pour l'avenir
par le Code , continue de subsister pour toutes
les anciennes constructions ou pour celles qui
les ont remplacées ; car le droit était acquis
lors de la publication de la loi nouvelle , et il
a suffi de l'exercer depuis pour le conserver.
On est seulement tenu de réparer le dommage

causé par l'exercice de l'échelage, ainsi que le prescrit l'usance.

C'est ce qu'a décidé un arrêt de Rennes du 8 février 1828, dont voici les motifs :

« La cour, considérant que la construc
» tion de l'étable, qui appartient à Thérèse
» Gasse, femme de Julien Le Gros, dans la
» commune de Saint-Georges-de-Reintem
» bault, à l'est d'une ruelle possédée par
» François Delourme, est ancienne, puisque
» la couverture vient d'en être rétablie à neuf.

« Que l'usement de Nantes, qui avait force
» de loi en Bretagne dans les cas non prévus
» par l'usement de Rennes, si l'on excepte
» l'imprescriptibilité de quelques servitudes,
» oblige le voisin à laisser passer sur son hé
» ritage les matériaux et les autres objets qui
» peuvent être utiles au possesseur du terrain
» contigu, pour construire ou réparer ses
» bâtiments ; que l'existence d'une ruelle et la
» coutume suivie par les ouvriers de campa
» gne, qu'on ne voit jamais employer d'é
» chelles volantes pour le travail nécessaire
» aux couvertures, annoncent que l'étable
» dont il s'agit a toujours été couverte au
» moyen d'une échelle placée sur le terrain
» de François Delourme ;

» Que les servitudes établies en vertu d'un
» statut local sont maintenues par l'art. 2
» du Code civil, qui n'a disposé que pour l'a-
» venir ;

« Que la femme Le Gros est donc autorisée
» à jouir du droit de tour d'échelle sur la
» ruelle de l'intimé, en réparant le dégât
» qu'elle pourrait commettre. »

107. Recherchons maintenant quelle étendue de terrain doit, dans le silence du titre,
être affectée à l'exercice du tour d'échelle.
Cette question a été agitée depuis longtemps.

Un acte de notoriété du châtelet de Paris,
en date du 23 août 1701, fixe cette étendue
à un mètre.

Toullier, n° 563, et Pardessus, n° 237, ju-
gent raisonnable de suivre cette fixation, pour
éviter l'arbitraire ; *partout où il n'y a pas d'u-
sage contraire.*

Enfin, un arrêt de la cour royale de Rouen
du 6 février 1841, décide aussi que l'étendue
de la servitude de tour d'échelle est d'un mètre, si le titre constitutif n'énonce pas une
délimitation différente.

108. L'usage n'est pas d'accord chez nous
avec ces décisions : il détermine l'étendue du
terrain d'après le principe consacré par l'art.

696 du Code civil, qui dit que, quand on établit une servitude, on est censé accorder tout ce qui est nécessaire pour en user. C'est donc d'après les circonstances que se règle l'espace à laisser, espace d'autant plus grand que le toit est plus élevé.

Dans le but de connaître l'inclinaison à donner aux échelles pour les toits en ardoises, nous nous sommes adressés à des architectes, des entrepreneurs et des couvreurs, tous personnes compétentes. Voici le résultat des expériences auxquelles ils ont bien voulu se livrer sous nos yeux, et le résumé de leur opinion unanime.

L'écartement ordinaire des échelles servant aux constructions est, au niveau du sol, d'un tiers de la hauteur du mur. Cet écartement est celui adopté pour les manœuvres qui portent de lourds matériaux sur leurs épaules, et c'est incontestablement le plus commode.

Toutefois, quand il s'agit de simples réparations et que les objets à élever ont peu de poids, on peut sans inconvénient réduire l'écartement suivant les circonstances au quart, au cinquième et même au sixième de la hauteur où l'on veut atteindre. Mais cette limite du sixième est un *minimum* qu'il est impossible de dépasser sans rendre l'ascension tout à la fois difficile et dangereuse.

Si l'écartement doit égaler au moins le sixième de la hauteur, il faut évidemment donner à l'échelle d'autant plus de pied que l'édifice est plus élevé.

109. Quant aux maisons couvertes en chaume, un usage constant veut que le couvreur applique son échelle à plat sur le toit, de façon qu'elle ait la même inclinaison que ce toit et que son extrémité repose au lieu où le plan de la couverture, suffisamment prolongé, viendrait rencontrer la surface du sol. Ce mode exige, pour le tour d'échelle, une étendue de terrain qui varie ordinairement de deux à quatre mètres, selon l'élévation et l'inclinaison du toit. Cependant il est seul usité, et il serait très-difficile, pour ne pas dire impossible, de trouver, surtout dans nos campagnes, des couvreurs en mesure d'en employer un autre. Il leur faudrait pour cela deux échelles au lieu d'une : il faudrait en outre disposer différemment l'extrémité inférieure des toits, pour que l'échelle pût y être assujettie solidement et sans les endommager.

110. Ces diverses considérations nous amènent à formuler de la manière suivante

les règles de l'échelage pour les Côtes-du-Nord.

### Première Règle.

Le terrain affecté à l'exercice du tour d'échelle est d'un mètre au moins, cette largeur étant nécessaire pour la libre circulation autour de l'édifice.

### Deuxième Règle.

Cette largeur s'accroît de manière à égaler toujours le sixième de la hauteur de l'édifice à réparer. Quand il s'agit d'une couverture, on mesure ce sixième, à partir du pied de la muraille, et on y ajoute la largeur de la partie saillante de la couverture.

### Troisième Règle.

Dans les lieux où l'on a l'habitude de couvrir en chaume, avec une seule échelle, la servitude , pour la réparation des couvertures, s'étend à tout le terrain nécessaire pour que l'échelle, dont l'extrémité repose à terre , s'applique à plat sur le toit.

Ces règles sont le résumé de l'usage constamment suivi dans le département, et on doit d'autant moins hésiter à les appliquer qu'il est naturel de supposer que ceux qui n'ont pas pris la précaution de déterminer par écrit l'étendue du terrain grevé, ont entendu se conformer à ce qui se pratique habituellement.

111. Comme les servitudes doivent toujours être restreintes dans les plus strictes limites, si la hauteur du bâtiment ou l'inclinaison de l'échelle oblige à l'éloigner notablement du pied du mur, on ne peut pas fouler inutilement tout l'espace compris entre le mur et l'échelle, et l'on ne doit passer que sur la portion nécessaire à l'exercice de l'échelage. Il semble naturel de fixer cette portion à un mètre de largeur.

D'un autre côté, celui qui aurait un droit d'échelage ne serait pas fondé, s'il élevait son édifice, à réclamer un plus grand espace de terrain pour l'exercer. On ne peut pas aggraver ainsi par son fait les obligations du fonds servant.

### Compétence.

112. Les contestations auxquelles donnent lieu les servitudes de passage doivent être portées devant le tribunal civil de première instance.

# CHAPITRE VIII.

## Du Parcours, de la vaine Pâture et du Glanage.

Art. 2, Sect. 4, Titre 1er, Loi des 28 septembre et 6 octobre 1791. — La servitude réciproque de paroisse à paroisse, connue sous le nom de parcours, et qui entraîne avec elle le droit de vaine pâture, continuera provisoirement d'avoir lieu avec les restrictions déterminées à la présente section, lorsque cette servitude sera fondée sur un titre ou sur une possession autorisée par les lois et les coutumes ; à tous autres égards, elle est abolie.

Art. 3. — Le droit de vaine pâture dans une paroisse, accompagné ou non de la servitude du parcours, ne pourra exister que dans les lieux où il est fondé sur un titre particulier, ou autorisé par la loi ou par un usage local immémorial ; et à la charge que la vaine pâture n'y sera exercée que conformément aux règles et usages locaux qui ne contrarieront point les réserves portées dans les articles suivants de la présente section.

Art. 21, Titre 2. — Les glaneurs, râteleurs et les grappilleurs, dans les lieux où les usages de glaner, de râteler ou de grappiller sont reçus, n'entreront dans les champs, prés et vignes récoltés et ouverts, qu'après l'enlèvement entier des fruits.

113. La *vaine pâture* est le droit qui appartient aux habitants d'une même commune de faire paître leurs bestiaux sur les propriétés les uns des autres après l'enlèvement de la récolte.

On appelle *parcours*, la vaine pâture que les bestiaux de deux ou plusieurs communes exercent sur leurs territoires respectifs.

114. La vaine pâture et le parcours sont de très-ancienne origine.

Le législateur de 1791 et les auteurs du Code civil, sans en méconnaître les inconvénients, n'ont pas cru pouvoir les supprimer; ils se sont bornés à les restreindre dans certaines limites, en permettant au propriétaire de se clore, droit qui était déjà accordé en Bretagne, par l'art. 393 de la Coutume, article ainsi conçu : « Si
» aucun veut clorre ses terres, prés, landes ou
» autres terres décloses, où plusieurs aient ac-
» coutumé d'aller et venir et faire pâturer,
» Justice doit voir borner et diviser les che-
» mins par le conseil des sages, au mieux que
» faire se pourra pour l'utilité publique, et

» laisser au parsus clorre les dites terres , non-
» obstant longue tenue d'y aller et venir, et
» faire pâturer durant qu'elles étaient dé-
» closes ».

Mais ce que l'on a fait n'est pas jugé suffisant , et l'on pense généralement que la vaine
pâture et le parcours doivent disparaître entièrement dans l'état actuel. Chaque jour on
cherche les moyens d'arriver à les abolir :
tout récemment encore , le conseil général de
l'agriculture et du commerce a eu à s'occuper
de cette importante question et a demandé que
la loi des 28 septembre et 6 octobre 1791 , qui
réglemente le parcours et la vaine pâture , soit
abrogée dans cinq ans , excepté dans les lieux
où il serait démontré que ces servitudes sont
rigoureusement indispensables.

115. Il ne paraît pas , du reste , que le parcours et la vaine pâture aient jamais été autorisés en Bretagne (1). Ils n'y ont existé qu'à titre
de simple tolérance. En fait , on les trouve
encore dans les communes de Bréhat, Ploué-

---

(1) Art. 393 de la Coutume.—Voy. aussi un règlement spé-
cial du Parlement du 10 Décembre 1736 , *Journal du Parlement* , t. 2, p. 256.

zec et Kérity, du canton de Paimpol ; dans les cantons de Dinan et Plancoët, et dans une partie de ceux de la côte *ouest*, où il est d'usage que chacun envoie ses bestiaux à la pâture dans les grandes pièces de terre voisines du rivage désignées communément sous le nom de *Mézou*.

Les droits de vaine pâture et de parcours ne s'exerçant dans le département que par tolérance, tout propriétaire est libre de les faire cesser sur son terrain.

116. Nous ne mentionnerons ici le *glanage* que pour mémoire, sans entrer dans aucun détail en ce qui le concerne, parce que, dans les Côtes-du-Nord, il n'est nulle part considéré comme un droit et ne s'exerce que par tolérance.

# TITRE TROISIEME.

## DU LOUAGE.

—

Art. 1736 C. C.— Si le bail a été fait sans écrit, l'une des parties ne pourra donner congé à l'autre qu'en observant les délais fixés par l'usage des lieux.

Art. 1744.— S'il a été convenu, lors du bail, qu'en cas de vente l'acquéreur pourrait expulser le fermier ou locataire, et qu'il n'ait été fait aucune stipulation sur les dommages et intérêts, le bailleur est tenu d'indemniser le fermier ou le locataire de la manière suivante.

Art. 1745.— S'il s'agit d'une maison, appartement ou boutique, le bailleur paie, à titre de dommages et intérêts, au locataire évincé, une somme égale au prix du loyer, pendant le temps qui, suivant l'usage des lieux, est accordé entre le congé et la sortie.

Art. 1748. — L'acquéreur qui veut user de la faculté réservée par le bail, d'expulser le fermier ou locataire en cas de vente, est, en outre, tenu d'avertir le locataire au temps d'avance usité dans le lieu pour les congés. — Il doit aussi avertir le fermier de biens ruraux, au moins un an à l'avance.

Art. 1753. — Le sous-locataire n'est tenu envers le propriétaire que jusqu'à concurrence du prix de sa sous-location dont il peut être débiteur au moment de la saisie, et sans qu'il puisse opposer des paiements faits par anticipation. — Les paiements faits par le sous-locataire, soit en vertu d'une stipulation portée en son bail, soit en conséquence de l'usage des lieux, ne sont pas réputés faits par anticipation.

Art. 1754. — Les réparations locatives ou de menu entretien dont le locataire est tenu, s'il n'y a clause contraire, sont celles désignées comme telles par l'usage des lieux, et, entre autres, les réparations à faire, — Aux sâtres, contre-cœurs, chambranles et tablettes de cheminées ; — Au recrépiment du bas des murailles des appartements et autres lieux d'habitation, à la hauteur d'un mètre ; — Aux pavés et carreaux des chambres, lorsqu'il y en a seulement quelques-uns de cassés ; — Aux vitres, à moins qu'elles ne soient cassées par la grêle ou autres accidents extraordinaires et de force majeure, dont le locataire ne peut être tenu ; — Aux portes, croisées, planches de cloison ou de fermeture de boutiques, gonds, targettes et serrures.

Art. 1757. — Le bail des meubles fournis pour garnir une maison entière, un corps de logis entier, une boutique ou tous autres appartements, est censé fait pour la durée ordinaire des baux de maisons , corps de logis , boutiques ou autres appartements , selon l'usage des lieux.

Art. 1758.— Le bail d'un appartement meublé est censé fait à l'année , quand il a été fait à tant par an ; — Au mois , quand il a été fait à tant par mois ; — Au jour, s'il a été fait à tant par jour. — Si rien ne constate que le bail soit fait à tant par an , par mois ou par jour , la location est censée faite suivant l'usage des lieux.

Art. 1759.—Si le locataire d'une maison ou d'un appartement continue sa jouissance après l'expiration du bail par écrit , sans opposition de la part du bailleur , il sera censé les occuper aux mêmes conditions , pour le terme fixé par l'usage des lieux , et ne pourra plus en sortir , ni en être expulsé qu'après un congé donné suivant le délai fixé par l'usage des lieux.

Art. 1762.— S'il a été convenu , dans le contrat de louage , que le bailleur pourrait venir occuper la maison , il est tenu de signifier d'avance un congé aux époques déterminées par l'usage des lieux.

Art. 1777.— Le fermier sortant doit laisser à celui qui lui succède dans la culture les logements convenables et autres facilités pour les travaux de l'année suivante ; et réciproquement , le fermier entrant doit procurer à celui qui sort les logements convenables et autres facilités pour la consommation des fourrages , et pour les récoltes restant à faire. — Dans l'un et l'autre cas , on doit se conformer à l'usage des lieux.

117. Le louage est un contrat par lequel une des parties s'oblige à donner à l'autre, pendant un certain temps et pour un certain

prix, la jouissance d'une chose ou celle de son travail.

118. Les usages ont toujours eu beaucoup d'empire en cette matière. Le législateur, qui y renvoie expressément dans les articles cités en tête de ce titre, y renvoie encore implicitement dans les articles 1728, 1738, 1774, 1775 et 1776 du Code civil.

Enfin, indépendamment des cas prévus par tous ces articles, l'usage des lieux sert encore à interpréter les clauses ambiguës ou incomplètes, par application des principes posés dans les articles 1159 et 1160 du Code civil.

Nous allons exposer les usages suivis dans le département des Côtes-du-Nord pour les baux à loyer, les baux à ferme, les baux à moitié fruit, les baux à convenant et le louage des domestiques. Nous donnerons, et ceux que le Code a consacrés expressément, et ceux qui doivent seulement guider le juge dans l'interprétation des conventions. Nous rappellerons aussi, chemin faisant, quelques principes de droit qui sont parfois méconnus dans la pratique, sur plusieurs points de notre département.

# CHAPITRE PREMIER.

## Bail à loyer.

### § I<sup>er</sup>. — *Définition.*

119. On appelle *bail à loyer* le louage des maisons, par opposition aux mots *bail à ferme*, qui désignent le louage d'héritages ruraux, objets d'une exploitation agricole.

Il existe quelquefois du doute sur le point de savoir si un bail qui comprend des édifices et des terres, doit être considéré comme bail à loyer ou comme bail à ferme. La question se résout par l'importance relative des bâti-ments et des terres : le bail est à loyer si le revenu des édifices excède celui des terres ; dans le cas contraire, il est à ferme (1).

____

(1) Troplong, Louage, tom. 2, n° 527. Duvergier, tom. 4, n° 4.

## § II. — *Durée des baux à loyer.*

120. Dans tout le département, les maisons et les appartements non meublés sont censés loués à l'année, à moins de preuve contraire.

Les chambres et appartements meublés sont présumés loués au mois.

## § III. — *Entrée en jouissance.*

121. L'entrée en jouissance, pour les maisons louées à l'année, a lieu partout le 29 septembre, et les baux finissent à la même époque.

122. Par exception, dans la ville de Dinan, l'entrée en jouissance a lieu au 24 juin, si ce n'est, toutefois, dans le faubourg *Saint-Malo*, où elle se fait le 1<sup>er</sup> mars.

123. On trouve encore dans quelques endroits, notamment dans les cantons de Plouguenast et de Loudéac, des maisons dont les baux annuels commencent aux 1<sup>er</sup> mars et 24 juin ; mais comme ils forment partout l'exception, l'intention de louer pour ce terme ne se présume jamais.

## § IV. — *Paiement des loyers.*

124. A défaut de stipulation contraire, les loyers se paient partout en un seul terme, à la fin de chaque mois de jouissance pour les locations au mois, et après chaque année de jouissance pour les baux à l'année.

Le sous-locataire ne peut donc pas se prévaloir de l'usage des lieux pour opposer au propriétaire des paiements faits par anticipation. (Art. 1753 du C. C.)

## § V. — *Réparations et charges locatives.*

125. Les réparations locatives sont celles dont le preneur est tenu de plein droit, quand il a reçu la chose en bon état au commencement du bail.

126. Voici la règle qui sert à distinguer ces réparations de celles qui sont à la charge du propriétaire :

Tout ce qui périt par vétusté, force majeure ou cas fortuit, doit être réparé par le bailleur. Tout ce qui se dégrade par suite de la négligence ou du défaut de soin du locataire doit être réparé par lui.

Cette règle générale est le guide du juge pour la solution de tous les cas douteux (1).

127. Elle reçoit cependant deux exceptions :

1.° Pour éviter des contestations nombreuses et difficiles à vider, le législateur a désigné, dans l'article 1754, un certain nombre de réparations qui sont présumées, de plein droit, être nécessitées par la faute du locataire et qui, par suite, sont toujours et partout à sa charge, s'il ne prouve pas que les dégradations proviennent de la vétusté ou de la force majeure.

2° Le législateur a voulu aussi conserver au nombre des charges locatives celles que l'usage y avait mises dans les différents lieux. L'usage chez nous, à cet égard, est conforme à celui qui est suivi le plus généralement dans le reste de la France ; voici les principales charges qu'il impose aux locataires :

Le ramonage des cheminées ;

---

(1) Pothier, Louage, n° 219. — Troplong, Louage, tome 2, n° 585. — Duvergier, tome 3, n° 447.

Le curage du bief des moulins, quand cette opération est de nature à se répéter une ou plusieurs fois dans le cours de chaque bail ;

L'entretien des poulies et de leurs chapes, des cordes et mains de fer des puits et greniers ;

Le lavage des vitres ;

Le balayage des rues et le logement des gens de guerre.

128. L'entretien des couvertures est toujours à la charge du bailleur, sauf ce qui sera dit au chapitre des baux à ferme ( n⁰ˢ 151 et 152 ) pour les maisons couvertes en chaume, dépendant des métairies.

Les enduits, peintures et tapisseries sont rendus dans l'état où ils se trouvent à fin de bail, à moins qu'ils n'aient été salis ou dégradés par la faute du locataire et non par le simple usage de la chose.

## § VI. — *Congés.*

129. Il y a nécessité de donner congé pour faire cesser les baux des maisons ou appartements, dans les trois cas suivants :

1° Quand le bail ne fixe pas la durée de la jouissance ;

2° Quand il est verbal et que le terme convenu n'est pas reconnu par les parties ;

3° Quand le locataire jouit par tacite réconduction.

130. Dans quelques cantons, on a l'habitude de se donner congé devant le juge de paix qui en tient note. Dans d'autres, le congé résulte d'une publication à l'issue de la grand'messe. Ailleurs, enfin, on se contente d'un congé verbal devant témoins, lorsque les locations n'excèdent pas un certain prix, et l'on croit se conformer ainsi aux règles du Code sur la preuve testimoniale. C'est une erreur qu'il importe de rectifier.

De quelque manière que le congé soit donné, il est toujours valable quand il l'a été dans les délais prescrits et que son existence et son acceptation ne sont pas contestées. Mais quand le congé est nié par l'une des parties, l'autre ne peut jamais le prouver que par écrit, quelle que soit l'importance de la location (1).

Il ne semble pas même que l'aveu qu'un

_______________

(1) Troplong, tom. 2, n° 422. — Toullier, tom. 9, n° 34. — Duvergier, tom. 3, n° 489. — Cassation, 12 mars 1816. Sirey, 16, 1, 167.

congé verbal a été donné suffise pour le rendre obligatoire; il faut de plus qu'il y ait reconnaissance qu'il a été accepté : autrement celui qui l'aurait reçu se trouverait à la discrétion de l'autre partie à laquelle il suffirait de nier pour faire continuer le bail. Quand, au contraire, en acceptant le congé verbal, on a suivi la foi de l'autre partie, on ne peut plus exciper de la position défavorable où l'on s'est placé.

Il convient donc de notifier le congé par voie d'huissier, quand on a lieu de se défier de la bonne foi de celui à qui on le donne et qu'on ne peut obtenir de lui une reconnaissance écrite qu'il a été averti à temps.

131. Les congés pour les chambres et appartements loués au mois doivent toujours être donnés dans la première quinzaine du mois.

132. Pour les maisons et appartements loués à l'année, le délai varie suivant les lieux.

Dans l'arrondissement de Saint-Brieuc, les congés se donnent avant la Saint-Jean, 24 juin, excepté dans le canton de Lamballe, où il suffit de prévenir trois mois avant la Saint-Michel, et dans ceux de Paimpol et Lanvollon, où le dernier jour est le 21 juillet, veille de la Madeleine.

Dans l'arrondissement de Lannion, les congés se donnent partout avant la Madeleine, 22 juillet.

Dans l'arrondissement de Guingamp, le dernier jour est le 21 juillet pour les cantons de Pontrieux, Bégard, Guingamp, Plouagat, Belle-Isle-en-Terre, et pour la commune de Lohuec dépendant du canton de Callac.

Le dernier jour est fixé au 23 juin, veille de la Saint-Jean, dans tout le reste de cet arrondissement.

Dans l'arrondissement de Dinan, les congés se donnent six mois avant la sortie. Toutefois le délai est réduit à trois mois pour les maisons situées dans la ville même de Dinan, non destinées à servir d'hôtelleries, d'usines, de maisons d'éducation ou de pensionnat. Ces dernières maisons restent soumises à la règle générale de six mois.

Dans l'arrondissement de Loudéac, les congés se donnent avant la Saint-Jean, 24 juin. Il faut cependant excepter les cantons de Plouguenast, Loudéac, Merdrignac et la Chèze, dans lesquels il paraît suffisant de prévenir trois mois avant la Saint-Michel. Dans les cas rares où le bail ne finit pas au 29 septembre, le délai est toujours de trois mois.

133. On voit, par ces détails, que trois usages principaux se partagent notre département. La partie *nord-est* est soumise au délai de six mois ; dans le *nord-ouest*, on donne congé avant la Madeleine ; dans le *centre* et le *midi*, avant la Saint-Jean.

Il est évident pour nous que, dans tous les endroits où l'on donne maintenant congé trois mois à l'avance seulement, cet usage s'est introduit peu à peu, par modification d'une ancienne règle qui fixait le terme à la Saint-Jean. On conçoit, en effet, que, dans les cantons ruraux où les congés sont assez rares, l'usage mal connu a pu subir une modification de quelques jours par suite de laquelle le délai a été ramené à un nombre exact de mois, ce qui paraissait plus satisfaisant. Nous pensons, en conséquence, que, dans les lieux où il y aurait doute sur l'usage, on devrait admettre le terme de Saint-Jean pour les baux qui finissent à la Saint-Michel, et celui de trois mois dans les cas seulement où l'entrée en jouissance est fixée à une autre époque.

134. Dans quelques cantons, on doute si le jour de la Madeleine et celui de la Saint-Jean sont encore dans le délai du congé.

Nous n'hésitons pas à nous prononcer pour

la négative. Il est reconnu presque partout que ces jours sont en dehors du délai. Cela ne fait pas de doute dans les villes les plus importantes, où les anciennes traditions ont dû le mieux se conserver à raison de la fréquence des cas où l'on a été appelé à les appliquer. Il y a, d'ailleurs, pour le terme de la Saint-Jean une raison particulière : quand l'usage s'est établi, la Saint-Jean étant une fête chômée, il n'était pas permis de signifier un congé ce jour-là.

135. Le délai des congés dans l'arrondissement de Dinan est constaté par une délibération des avocats de cette ville, prise le 14 mai 1832, sur l'invitation du maire (1). Il semble résulter des termes de cet acte de notoriété qu'il n'est fait que pour la commune, ou tout au plus pour les deux cantons de Dinan. Cependant il a été adopté comme règle dans tout le reste de l'arrondissement où probablement l'usage flottait incertain.

L'article 3 de cet acte de notoriété exige un congé donné six mois à l'avance pour les *maisons en campagne* avec ou sans jardin ou *chanvril*, et, comme il n'y a pas d'autre ville que

---

(1) Voir cet acte de notoriété aux pièces justificatives.

Dinan dans l'arrondissement, on s'accorde généralement à admettre que le délai de six mois
s'applique partout ailleurs sans distinction.

En l'absence d'un usage constant et bien
déterminé, M. le juge de paix de Plancoët avait
établi une distinction. Proportionnant la longueur du délai à l'importance de la location, il
il exigeait six mois pour les loyers d'un certain prix, au-dessus de 50 fr., par exemple,
et trois mois seulement pour les autres. Cette
dictinction judicieuse est conforme à l'usage
de divers lieux, et notamment à celui de Paris. Cependant nous ne croyons pas qu'on
doive continuer de la suivre dans le canton de
Plancoët, parce qu'elle ne repose pas sur un
usage *constant et reconnu*; qu'elle n'est admise
dans aucun autre endroit du département et
en particulier de l'arrondissement de Dinan ;
qu'enfin il est avantageux pour un canton
de suivre un délai unique conforme à celui
des environs.

### § VII. — *Sortie.*

136. La sortie s'effectue aussitôt que le terme
est arrivé. L'enlèvement des meubles doit se
continuer sans interruption. Quand l'apparte-

ment ou la maison loués sont peu importants, le déménagement doit être terminé dans la journée. Si cela est impossible, le juge accorde, en cas de contestation, le nombre de jours strictement nécessaire d'après les circonstances, car il n'y a nulle part de délai fixé par l'usage d'une manière bien positive. Dès le 29 septembre au matin, le locataire sortant doit accorder à son successeur l'entrée de la maison et toutes les facilités nécessaires pour l'emménagement de son mobilier.

137. Dans les villes de Saint-Brieuc et Lannion, les locataires des auberges, cafés, magasins, boutiques et en général de tous les lieux destinés au commerce, sont autorisés par l'usage à en conserver la jouissance jusques et y compris le jour de la foire Saint-Michel. Cet usage est parfaitement rationnel, car il serait impossible aux personnes qui exercent ces diverses industries de s'installer convenablement dans leur nouveau domicile pour le jour de la foire, dont elles perdraient ainsi le bénéfice.

138. De même, dans le bourg de Plouha, on laisse au locataire sortant la jouissance de son loyer jusqu'au premier mardi d'octobre inclusivement, parce qu'il s'y tient ce jour-là une foire assez importante.

## § VIII.— *Tacite réconduction.*

139. Il n'existe aucun usage bien déterminé sur le délai après lequel se présume la tacite réconduction à l'expiration d'un bail. Cette question est entièrement laissée à l'appréciation du juge, qui doit se décider d'après les circonstances.

# CHAPITRE II.

## Bail à ferme.

### § I<sup>er</sup> — *Définition.*

140. On appelle bail à ferme le louage d'héritages ruraux, destinés à une exploitation agricole.

### § II. — *Assolement.*

141. Il peut être intéressant de connaître l'assolement suivi dans le département. Cela est d'ailleurs nécessaire pour déterminer la durée des baux sans écrit et celle des baux qui s'opèrent par tacite réconduction, ces derniers expirant de plein droit à l'époque où le preneur a pu recueillir tous les fruits de l'héritage affermé. (Art. 1774 du C. C.)

142. A part quelques localités, l'assolement triennal est usité dans tout le dépar-

tement. Voici quelle est la rotation des cultures.

La première année , on sème presque toujours du blé-noir : quelquefois , principalement sur la côte , on le remplace par des pois, du lin , du chanvre , des pommes de terre , du trèfle , de la vesce ou d'autres plantes analogues.

La seconde année , on sème du froment, du seigle ou du méteil.

La troisième année , on sème de l'avoine et quelquefois de l'orge.

Le plus ordinairement on engraisse la terre les deux premières années seulement. Toutefois, lorsqu'on sème du trèfle , on fume avant les deuxième et troisième récoltes , et on ne le fait pas avant la première.

Le trèfle se sème sur la récolte qui le précède de manière qu'il soit levé et puisse servir de pâture après l'enlèvement de cette récolte.

Quand les terres ont produit trois, six ou neuf récoltes consécutives, on est dans l'habitude de les laisser reposer un certain nombre d'années, ordinairement de trois à six , pendant lesquelles elles rapportent des genêts ou ajoncs et servent au pâturage. Cependant l'usage des jachères diminue peu à peu et il a même déjà disparu complètement sur certains points.

143. L'assolement biennal est suivi dans les cantons de Matignon, de Pléneuf et dans une faible partie des autres cantons du littoral. Il se pratique de différentes manières :

Sur la côte *ouest*, où il est peu usité, on fait parfois alterner dans les bonnes terres le froment et le trèfle. On fume alors avec le goëmon avant de mettre le froment.

Dans les cantons de Saint-Brieuc, les terres sont ensemencées, la première année, en plantes potagères ou légumineuses, blé-noir ou vesce ; la seconde année, en froment, et ainsi de suite.

Sur la côte *est*, on met blé-noir ou plantes légumineuses, la première année ; avoine ou froment, la seconde. Souvent aussi le froment et le trèfle se succèdent alternativement et sans interruption.

Dans cette partie du littoral, et notamment dans les cantons de Lamballe et de Pléneuf, il existe une culture biennale, fort ancienne, appelée *guérets blancs*. Elle consiste à semer du froment la première année et à laisser la terre en pâture pendant une partie de l'année suivante. Sous le 24 juin au plus tard, on lui donne un labour, ce qui s'appelle *faire le guéret blanc*, et la terre reste ainsi jusqu'à l'ensemencement qui se fait presque toujours en froment et rarement en avoine.

De temps en temps, on met aussi de l'avoine après le froment (*sur sicot*); cela est surtout pratiqué par les fermiers sortant auxquels l'usage en accorde le droit.

On appelle *terres borgnes* celles qui sont soumises à ce régime de culture.

144. On trouve encore dans le département, principalement sur la côte *ouest*, quelques terres soumises à l'assolement quadriennal. Voici comment il se pratique : première année, orge avec trèfle ; seconde année, trèfle ; troisième année, froment ; quatrième année, avoine : on fume les première et troisième années. Cependant cet ordre de culture n'est pas invariable, et il arrive quelquefois, spécialement dans le canton de Lézardrieux, que le froment ne revient que la cinquième année. Mais presque toujours cet assolement quadriennal alterne avec ceux de deux ou trois ans, de sorte que le froment, après avoir été récolté la quatrième année, reparaît ensuite dans la sixième ou la septième.

Quant aux nouvelles méthodes, malgré les

efforts des hommes éclairés qui s'efforcent de développer et de perfectionner l'agriculture, elles n'ont point encore pénétré dans les masses et restent à l'état de faits isolés qui ne doivent point nous occuper.

### § III. — *Durée des baux à ferme*.

145. La durée ordinaire des baux à ferme dans le département est de six ou neuf ans, le plus souvent de neuf ans, surtout pour les métairies un peu importantes. Il existe aussi, dans les arrondissements de Lannion et Guingamp et dans le canton de Paimpol, des baux consentis pour sept ans, mais presque partout ils sont en minorité.

146. Le terme de sept ans est peu convenable, car il ne cadre ni avec l'assolement triennal, ni avec l'assolement biennal; le preneur ne peut rendre la terre dans l'état où il l'a trouvée, à moins de changer les assolements.

Par la même raison, le terme de neuf ans ne convient pas non plus aux terres soumises à l'assolement biennal. Il faudrait faire, dans les baux écrits, ce que le législateur a établi pour les baux verbaux dans l'article 1774 du Code civil, c'est-à-dire, régler la durée de la jouissance sur l'assolement des terres, de manière que le fermier, dans le cours de son bail, recueillît un nombre déterminé de fois tous les fruits de l'héritage et pût, sans modifier l'assolement, le rendre dans l'état où il l'a pris.

### § IV. — *Entrée en jouissance.*

147. Dans tout le département, les baux prennent cours au 29 septembre. Cette époque est la plus convenable de l'année, car c'est celle où la terre est le plus complètement dépouillée de ses récoltes et où les travaux de culture ne sont pas encore commencés.

148. Cependant, dans l'arrondissement de Loudéac, et particulièrement dans les cantons de Loudéac et Plouguenast, il y a quelques métairies dont les baux commencent et finissent au 1$^{er}$ mars. Ce terme a l'inconvénient de nécessiter une estimation des récoltes en terre à la fin du bail, estimation assez coûteuse qui ne donne qu'un à peu près et, laissant place à la fraude, fait naître de nombreuses difficultés.

## § V. — *Paiement des fermages.*

149. Les fermages se paient le plus ordinairement en un seul terme, après l'expiration de chaque année de jouissance. Tel est l'usage qui fait loi partout en cas de bail verbal ou de silence des baux écrits.

150. Cependant, on stipule souvent dans les baux écrits, surtout pour les métairies importantes, que le fermage se paiera en deux termes égaux, soit à Pâques et à la Saint-Michel, soit à Noël et à la Saint-Jean. Tantôt le premier paiement s'effectue au terme de Noël ou Pâques qui suit l'entrée en jouissance, tantôt il est reporté à la seconde année, de sorte que le fermier jouit quinze ou dix-huit mois sans rien payer. Ce dernier mode est le plus usité, quand les paiements sont fixés à Noël et à la Saint-Jean. Dans tous les cas, le fermier est obligé de se libérer complètement la dernière année avant de quitter la métairie.

## § VI. — *Réparations locatives.*

151. Toutes les réparations considérées comme locatives dans les baux à loyer le sont

également dans les baux à ferme (voir n^os 125 et suivants).

Nous nous bornerons, en conséquence, à énumérer ici celles que l'usage local impose en outre aux fermiers des biens ruraux.

Ce sont :

1° L'entretien des couvertures en chaume ;

2° L'entretien des fossés, douves et canaux d'irrigation ;

3° L'entretien des pressoirs ;

4° L'entretien et même la réfection des barrières.

Pour ces deux dernières espèces de réparations, le propriétaire doit fournir le bois nécessaire.

152. La nature locative de la réparation des couvertures tient à cette considération que les produits de la métairie doivent être appliqués tout d'abord à son entretien. Cette réparation est considérée comme locative dans une partie de la France (1) ; elle est, chez nous, constamment imposée aux preneurs dans les baux écrits. Il est même très-

---

(1) Vaudoré, tom. 2, n° 90. — Dalloz, Dictionnaire, supplément, v° Louage, n° 657. — Duvergier, tom. 4, n° 104.

ordinaire que ces baux chargent le fermier, soit de réparer les toits en ardoises, soit de nourrir les couvreurs qui les réparent aux frais du maître. Mais ces stipulations particulières n'ont pas un caractère assez général pour pouvoir être suppléées en l'absence de conventions.

Dans plusieurs endroits, quand le propriétaire refait un toit à neuf, il abandonne la vieille couverture au fermier qui, en échange, fournit le gerbage et le lattage de la nouvelle (1); mais c'est plutôt l'effet d'un accord que d'un usage ayant force de loi. La seule obligation dont le fermier soit tenu de plein droit, est de fournir le chaume nécessaire à l'entretien des toits et de payer sa mise en œuvre.

153. Les réparations aux couvertures doivent être faites chaque année. Le fermier ne peut pas les ajourner à la fin du bail, car les bâtiments souffriraient du défaut d'entretien et il faudrait, pour les réparer, une plus grande quantité de chaume qui serait prise

---

(1) On appelle *gerbage* les bruyères, ajoncs ou genêts que l'on met sous le chaume du toit, et *lattage* les branches ou gaules avec lesquelles on assujettit le gerbage sur les chevrons et les filières de la couverture.

alors sur ceux de la dernière récolte, au détriment du bailleur, quand il a droit aux pailles.

154. L'entretien des fossés, douves, canaux d'irrigation et pressoirs est considéré dans toute la France comme réparation locative (1).

155. Celle des barrières l'est également dans toute ou presque toute la Bretagne (2). On nous a bien signalé, d'une manière vague, une habitude contraire dans une ou deux localités du département ; mais nous ne croyons pas qu'elle soit assez constante pour prévaloir contre l'usage général, et nous penchons pour l'adoption absolue des règles posées plus haut. Il est, en effet, très-avantageux de ramener les usages incertains et exceptionnels à des règles sûres et générales qui ne laissent pas de prise à l'arbitraire ; il est d'ailleurs difficile qu'il ait pu s'établir sur les barrières, dans l'étendue d'un canton, un

---

(1) Troplong, Louage, tom. 1er, nos 179 et 180. — Duvergier, tom. 4, no 104. — Vaudoré, tom. 2, no 88.

(2) Usages locaux de l'arrondissement de Fougères par M. Cavé, p. 35.

usage constant et reconnu en opposition avec celui de tout le pays environnant.

156. Les réparations des murs et des parties des talus construites en pierres restent, comme œuvres d'art, à la charge du bailleur, à moins de stipulation contraire.

### § VII.— *Vente de foins et de pailles.*

157. Contrairement à ce qui se pratique dans une grande partie de la France (1), l'usage autorise, dans les Côtes-du-Nord, le fermier à prix d'argent à vendre de la paille et du foin, quand cela ne lui a pas été interdit par son bail.

158. Cette faculté est soumise aux deux restrictions suivantes :

1.° Le fermier doit conserver sur la métairie la quantité de fourrages nécessaires à l'entretien des bestiaux et à la production des engrais ;

2° La dernière année de son bail, il ne peut pas vendre de fourrages, parce qu'il

______

(1) Troplong, Louage, tom. 2, n° 666.— Pothier, Louage, n° 190.

nuirait au droit accordé au bailleur par l'art. 1778 de les retenir à fin de ferme, moyennant indemnité.

A part ces cas, les propriétaires qui veulent empêcher la vente des pailles et foins dans le cours de la ferme, doivent en faire une clause expresse du bail.

### § VIII.— *Landes des métairies.*

159. Les landes des métairies servent ordinairement de pâture aux bestiaux des fermiers. On en tire encore parti en enlevant de temps à autre le gazon qui en couvre la surface. La partie enlevée, qui porte le nom de *mottes*, sert à plusieurs usages. Tantôt on l'emploie au chauffage, tantôt on la mêle aux fumiers de la ferme, tantôt, enfin, on la brûle sur place, et, à l'aide de l'engrais que produit la cendre, on obtient de la terre une ou deux récoltes; c'est ce qu'on appelle *écobuer*. La lande reste ensuite abandonnée pendant un nombre d'années souvent très-long, jusqu'à ce que, réparant peu à peu ses pertes, elle ait donné naissance à une nouvelle couche de gazon qui permette de recommencer

la même opération. L'écobuage paraît être très-nuisible aux terres, auxquelles il ne donne qu'une fécondité passagère suivie d'un long épuisement.

160. L'enlèvement des mottes pour les brûler ou pour les vendre cause aussi à la terre une perte sans compensation. Quand, au contraire, les mottes sont réunies au fumier, la terre ne perd rien ; il y a seulement transport de matières fécondantes du lieu où elles se sont développées dans un autre où on les croit plus utiles ; mais alors le premier lieu reste longtemps stérile.

161. Il résulte de ces détails, que le fermier, tenu de jouir en bon père de famille, ne doit peler de mottes, ni pour les brûler sur place, ni pour les vendre. Le seul usage qu'il puisse en faire est de les réunir au fumier, et encore décide-t-on généralement qu'il ne doit traiter de cette manière que les lisières des champs, ou que, s'il en pèle toute la superficie, il doit employer les mottes sur le lieu même, et sans déplacement.

Telles sont les règles générales applicables dans le département des Côtes-du-Nord, en l'absence de stipulations contraires.

162. On nous signale toutefois quelques

cantons où l'usage déroge à ces règles d'une manière si expresse que les bailleurs, qui n'ont rien stipulé dans les baux à ce sujet, sont peut-être censés avoir permis l'écobuage à leurs fermiers. Ce sont ceux de Paimpol, Quintin, Guingamp, Callac, Bégard, la Roche-Derrien, Perros-Guirec et Plouguenast. Nous ignorons toutefois si cet usage y est assez général pour prévaloir contre l'obligation de jouir en bon père de famille. En tous cas, il serait à désirer qu'il disparût.

### § IX. — *Emondes*.

163. Pour ce qui concerne les émondes, nous renvoyons à ce que nous avons dit au titre de l'Usufruit ( n$^{os}$ 29 et suivants). Tout ce qui s'y trouve s'applique au fermier comme à l'usufruitier.

164. Il arrive souvent, ainsi que nous le verrons tout à l'heure (*infrà*, n° 177), que le bail ou un procès-verbal d'état des lieux constate l'âge des émondes au moment de l'entrée du preneur en possession. Dans ce cas, le fermier se trouve de plein droit tenu de les rendre dans l'état où il les a reçues et leur plus ou

moins de valeur à fin de bail se compense par une indemnité (*infrà*, n° 195). Il en résulte que les parties, n'ayant pas grand intérêt à tenir compte de l'âge des coupes, les fermiers émondent souvent, quand bon leur semble, sans empêchement de la part des bailleurs. Mais cette tolérance qui a pu, dans quelques lieux, jeter de l'incertitude sur l'usage, n'empêche pas que les règles légales soient celles indiquées au titre de l'Usufruit et que les bailleurs puissent toujours contraindre leurs fermiers à les suivre.

## § X. — *Prairies.*

165. Pour ne pas nuire à la récolte du foin, le fermier doit cesser de mener paître ses bestiaux sur les prairies à une époque que l'usage a fixée, sur tout le littoral, au 2 février, jour de la Chandeleur. Dans les cantons de Rostrenen, Gouarec et Mûr, où l'herbe se développe plus tard, l'usage permet de faire paître les prairies jusqu'au 1er mars et même quelquefois jusqu'au 1er avril. En cas d'incertitude sur le terme, la règle est que l'on doit cesser assez à temps pour ne point nuire à la croissance des herbes.

Pendant le cours du bail, le fermier est plus intéressé que le propriétaire à observer cette règle, et il n'y contrevient guère. Mais dans la dernière année de la jouissance, le contraire arrive fréquemment, surtout quand le fermier doit, à sa sortie, laisser sans indemnité tous les foins de la dernière récolte.

166. Quelquefois les fermiers sont obligés par leur bail à laisser les foins sur pied dans l'année de leur sortie ; ils cessent alors complètement de jouir des prairies aux époques ci-dessus indiquées, et, à partir de ce moment, les fermiers entrant sont chargés de veiller aux clôtures et irrigations, de faire la coupe des foins, etc. Cette condition est assez fréquente dans les environs de Lamballe et de Plancoët, mais elle doit être stipulée expressément ; à défaut de convention à cet égard, le fermier sortant doit les foins coupés et ramassés et peut faire paître les regains jusqu'au 29 septembre.

## § XI. — *Congés.*

167. Quand aucun terme n'est stipulé dans les baux ruraux, ils finissent de plein droit à l'expiration du temps nécessaire pour que le

preneur ait pu recueillir tous les fruits de l'héritage affermé. (Art. 1774 du C. C.) La durée des baux par tacite réconduction se règle de la même manière. (Art. 1776 du C. C.)

168. Les seuls cas où il y ait lieu de donner congé pour les biens ruraux sont : 1° celui où le bailleur a stipulé que le bail pourrait être résolu s'il venait à vendre, 2° celui où les parties se sont réservé le droit de résilier le bail, soit à volonté, soit plus ordinairement après 3 ou 6 ans de jouissance. Le délai d'un an, fixé pour le premier de ces cas par l'art. 1748, est également applicable au second.

### § XII. — *Sortie.*

169. Le délai accordé aux fermiers, pour effectuer leur délogement, est en général de 17 jours, ce qui, dit-on abusivement, fait 15 jours francs. Ainsi le déménagement, commencé le 29 septembre, doit être terminé dans la journée du 15 octobre au plus tard.

170. Cette règle souffre exception pour l'arrondissement de Lannion. Sur les sept cantons dont il se compose, il n'y a que ceux de La Roche-Derrien et de Lézardrieux, situés sur la

limite *est* , dans lesquels les fermiers aient jusqu'au 15 octobre pour achever leur délogement. Dans les cinq autres, l'usage ne leur accorde pas au-delà du 6 octobre, jour de saint Bruno.

Il existe encore, dans le reste du département, un ou deux cantons pour lesquels on nous a répondu que l'habitude est d'accorder aux fermiers sortant un délai suffisant, sans qu'il y en ait aucun de déterminé par l'usage d'une manière bien précise. Nous croyons inutile d'indiquer ici ces endroits, parce que nous tenons pour certain qu'à défaut de délai fixé par l'usage local, on doit recourir à celui des cantons voisins et adopter le terme du 15 octobre, consacré par un usage ancien et presque universel.

171. Le délai de quinzaine suffisait autrefois pour enlever toutes les récoltes qui étaient détachées de terre avant la fin de septembre. Il n'en est plus ainsi depuis l'introduction de la culture de la pomme de terre, qui ne se récolte quelquefois qu'à la fin d'octobre. Le fermier sortant, qui a quitté dans le délai fixé par l'usage, conserve néanmoins le droit de ne récolter ses pommes de terre qu'à leur maturité.

172. Le délai accordé au fermier sortant n'empêche pas qu'il doive commencer son délogement dès le 29 septembre, et le continuer sans interruption. Cela est nécessaire pour que celui qui lui succède puisse s'établir sur la métairie.

173. Le fermier entrant doit assigner à celui qui sort, un ou plusieurs champs déterminés pour faire paître ses bestiaux pendant le délai du délogement.

174. Presque partout, dans les Côtes-du-Nord, le fermier sortant emporte ou vend les pommes de la dernière récolte et rend le pressoir et les celliers dans la première quinzaine d'octobre, comme les autres bâtiments de la ferme. Il trouve plus d'avantage à agir ainsi qu'à revenir faire son cidre dans un lieu souvent fort éloigné de sa nouvelle demeure. De même, dans les métairies à moitié, le fermier qui doit confectionner le cidre du propriétaire, s'arrange ordinairement avec son successeur, pour que celui-ci se charge de remplir cette obligation en son lieu et place.

Mais ces arrangements, qui puisent leur source dans l'avantage commun des parties, sont toujours le résultat d'un accord exprès ou tacite et ne peuvent se suppléer. Aussi, à défaut de cet accord, tenons-nous pour certain que, quand il existe sur la ferme un pressoir placé par le propriétaire pour l'exploitation du fonds, le fermier peut y presser les pommes de la dernière année, et conserver la jouissance du pressoir et des celliers pendant tout le temps nécessaire. C'est aussi l'opinion de Troplong, *Traité du Louage*, tome 2, n° 778.

### § XIII. — *Tacite réconduction.*

175. Il n'y a pas d'usage fixe sur l'époque après laquelle se présume la tacite réconduction.

Quand il s'agit d'une métairie, il semble qu'on devrait la supposer après l'expiration des délais accordés par l'usage des lieux pour le délogement. En cas de pièces de terre détachées, il faudrait de plus que le fermier eût commencé les travaux préparatoires de la nouvelle récolte. Mais il est de fait que la question est abandonnée à la sagesse des tribunaux, qui la décident d'après l'intention présumée des parties.

## § XIV. — *Renable*.

176. On appelle *renable*, *souche* ou *ensou-chements*, les objets, immeubles par nature ou par destination, que le fermier reçoit au commencement du bail pour l'exploitation de la métairie ; l'on donne le nom de procès-verbal de renable ou d'état des lieux à l'acte qui contient l'énumération de ces objets.

177. Les procès-verbaux de renable sont plus ou moins étendus. Ils indiquent toujours la quantité d'engrais, de pailles et de foins existant sur la métairie. Ordinairement aussi, ils contiennent l'âge des émondes et des bois de fossés, l'état des terres, l'étendue des pièces sous trèfle, ajoncs, genêts, etc..... Quelquefois, enfin, on y joint l'état des bâtiments d'exploitation et de leurs couvertures, celui des fossés et des barrières des champs.

178. Le plus communément, les procès-verbaux énoncent la consistance du renable sans évaluation. Quelquefois cependant ils contiennent une estimation en argent de tout ou partie des objets qui le composent. Cette estimation peut s'étendre non-seulement aux

pailles et engrais, mais encore aux émondes, bois de fossés, trèfles, ajoncs, genêts et *trempes* (1). Les émondes, bois de fossés et récoltes en terre se prisent proportionnellement à la valeur qu'ils auront au temps de l'exploitation, et les trempes, selon que la dernière récolte produite par la terre et les engrais qu'elle a reçus, la laissent plus ou moins bien préparée pour recevoir les nouvelles semences. Ainsi, dans la pratique, l'are de terre *en retour* de lin, froment ou pois, c'est-à-dire, qui vient de produire une de ces récoltes, s'évalue ordinairement à 35 ou 40 centimes. La terre en retour de blé noir s'estime de 20 à 25 centimes ; celle en retour de pommes de terre à 20 centimes : enfin celle après avoine, de 0 à 10 centimes.

179. L'estimation du renable en argent ne dispense pas le preneur de rendre en nature, à fin de bail, les pailles et engrais qui lui ont été livrés, lorsqu'il n'en a pas remboursé la valeur

---

(1) On appelle *trempes* la valeur donnée aux terres par les engrais et les labours qu'elles ont reçus. Ce mot est employé dans les usements de Cornouailles, art. 26 ; de Léon, art. 9, et de Gouello, art. 21. On le trouve aussi dans les Institutions convenancières de Baudouin, tome 2, n° 300.

à son entrée ; si ces objets manquent en tout ou partie, le bailleur doit être indemnisé du déficit, non d'après le prix porté au procès-verbal, mais d'après leur valeur réelle, au jour du règlement. Leur évaluation ne peut guère servir que de renseignement pour en déterminer la qualité, et encore ce renseignement est-il peu satisfaisant ; car, presque partout, on a continué de donner à ces objets, dans les procès-verbaux, la valeur qu'ils avaient anciennement et qui n'est plus en rapport avec leur valeur actuelle.

180. Les procès-verbaux d'état de lieux sont extrêmement utiles pour les fermiers et pour les propriétaires. Ils préviennent de nombreuses contestations qui ne peuvent se vider que par la preuve testimoniale, toujours suspecte et incertaine.

181. Leur usage est à peu près général dans tout le département. Seulement, dans plusieurs endroits, la constatation du renable se fait par le bail lui-même. Cela a lieu surtout quand le fermier doit recevoir tous les engrais et pailles existant sur la métairie, à la charge de laisser à sa sortie sans indemnité, tous ceux de la dernière année. On conçoit que, dans ce cas, il n'est pas besoin d'un procès-

verbal dressé à l'instant même de l'entrée en jouissance , puisque la quantité reçue ne doit pas influer sur la quantité à laisser. Toutefois, dans ces cas-là même , un procès-verbal d'état de lieux conserverait son utilité pour les émondes, bois de fossés, trempes et récoltes en terre.

182. Dans certaines localités, il arrive , au contraire , que le propriétaire n'a que peu ou point de renable à lui appartenant. A chaque changement de fermier , il impose par le bail à celui qui entre, l'obligation de rembourser à l'autre tous les ensouchements de la métairie. De cette manière , il n'a point à s'occuper du règlement du renable qui se fait entre les deux fermiers. S'il n'est rien dû aux bailleurs, le fermier entrant paie tout au fermier sortant , et devient propriétaire des ensouchements qui lui seront remboursés à fin de bail , d'après une nouvelle estimation. S'il est dû un renable au propriétaire , le fermier qui entre ne paie que l'excédant. Si, enfin, le fermier sortant ne peut satisfaire aux conditions du procès-verbal contradictoire avec le bailleur , il paie à son successeur une indemnité fixée à dire d'experts.

L'usage de faire rembourser le renable par le fermier entrant est si répandu et si constant

sur plusieurs points du département et notamment dans les cantons de Lézardrieux, La Roche-Derrien, Paimpol, Plouha et Lanvollon,
que beaucoup de personnes considèrent les fermiers comme y étant tenus de plein droit, sans
qu'il soit nécessaire de l'exprimer dans les
baux. Nous croyons toutefois qu'une pareille
obligation ne saurait se suppléer et doit être
expressément stipulée.

183. Les augmentations ou diminutions
dans les émondes, trempes, récoltes en terre,
pailles et engrais donnent souvent lieu, à la
fin des baux, à des difficultés entre les propriétaires et les fermiers. Les règles qui servent
à résoudre ces difficultés varient selon qu'il a
été fait ou non au commencement du bail un
procès-verbal d'état de lieux.

Voici ce qui se passe en l'absence de procès-verbal descriptif.

184. *Emondes.* Le fermier laisse les émondes et bois de fossés dans l'état où ils se trouvent, sans indemnité de part ni d'autre. Tout
ce qui tombe en âge de coupe pendant le bail
est au fermier; tout ce qui n'y tombe pas reste
au bailleur, quand même, par suite de l'aménagement, l'importance des coupes ne serait
pas proportionnée à la durée du bail.

**185.** *Trempes.* La différence dans les trempes d'entrée et de sortie provient nécessairement, ou de ce que la durée du bail ne cadre pas avec les périodes de l'assolement, ou de ce que l'assolement n'a pas été suivi.

Dans le premier cas, il n'est dû aucune indemnité. Les parties n'ont pu ignorer que la rotation des cultures amènerait à fin de bail un labour différent, et leur silence prouve qu'elles n'ont pas entendu que ce fait donnât lieu à dédommagement.

Quand l'assolement n'a pas été observé et que les trempes sont inférieures à celles qu'il a reçues, le fermier doit un dédommagement, parce qu'il n'a pas joui en bon père de famille.

Si, au contraire, les trempes ont plus de valeur à la sortie, le fermier ne peut demander d'indemnité, parce qu'un surcroît de dépenses, de travail ou d'engrais n'était pas nécessaire pour tirer parti de la chose louée et qu'en thèse générale, le bailleur n'est pas tenu de rembourser au fermier les améliorations qu'il n'a pas autorisées, à moins qu'elles ne fussent indispensables pour la jouissance de la chose.

**186.** *Récoltes en terre.* Le fermier sortant n'est tenu de laisser aucune terre labourée ou

ensemencée. A moins de conventions particulières, il peut livrer la terre dans l'état où
elle est restée après l'enlèvement de la dernière
récolte.

187. Réciproquement il ne peut se faire rembourser la valeur des ajoncs, genêts, trèfles,
etc., qui, à fin de bail, ne sont pas encore
parvenus au terme ordinaire de leur exploitation. Il a seulement le droit de les enlever, s'il
peut en retirer un avantage quelconque. Toutefois, dans ce cas, le propriétaire est fondé à
les retenir en offrant de les payer à dire d'experts, car ils valent plus pour lui que pour le
fermier, et l'intérêt de l'agriculture doit l'emporter. Une question analogue a été résolue
dans ce sens par le parlement de Bretagne, le
17 octobre 1575.

Dans l'usage, il arrive ordinairement que,
quand le propriétaire ne veut pas rembourser
les semis d'ajoncs, les deux fermiers s'entendent pour les laisser atteindre leur pleine croissance et en partager la coupe par moitié. Il paraît même que, dans le canton de Lamballe,
on est dans l'habitude de les laisser en entier
au fermier sortant et de lui accorder jusqu'au
15 avril suivant pour les récolter. Mais cela ne
se pratique que par tolérance ou convention,

et le fermier sortant ne peut, malgré le propriétaire, occuper ainsi la terre plus de six mois après l'expiration de son bail.

188. *Pailles et engrais*. Si l'immeuble loué ne constitue pas un corps de ferme, le preneur ne doit aucun renable et laisse la terre nue.

Dans le cas contraire, il est tenu de laisser sur la métairie, sans indemnité, les pailles et engrais de la dernière récolte, la présomption étant qu'il les a reçus à son entrée. C'est ainsi, du moins, que l'art. 1778 du Code civil s'applique le plus généralement, et cette présomption est conforme à la pratique habituelle du pays, car il est très-rare de rencontrer une métairie sans renable.

On doit toutefois faire une exception pour les cantons où, dans l'usage, le renable appartient au fermier. La présomption dont nous parlons cesse d'être applicable, et à défaut de preuves, le propriétaire ne peut retenir ni pailles ni engrais, sans en payer la valeur.

Il nous est impossible d'indiquer exactement tous les endroits du département où le renable est présumé appartenir au fermier. Nous citerons cependant tout l'arrondissement de Lannion et les cantons de Paimpol et Plouha dans celui de Saint-Brieuc.

189. Quel que soit, du bailleur ou du fermier, celui au profit duquel existe la présomption légale de propriété des pailles et engrais, en l'absence de procès-verbal, il semble que la preuve contraire peut être faite par témoins, par analogie de ce qu'on décide dans le cas de l'art. 1731 du C. C. (1).

190. Tous les auteurs s'accordent pour assimiler aux pailles et engrais les foins et autres fourrages, et pour les soumettre aux règles tracées dans l'article 1778 du C.C. (2). L'usage suivi dans les neuf dixièmes du département est conforme à cette opinion, excepté en ce qui concerne les produits des prairies artificielles, que l'on considère comme des récoltes ordinaires. Nous croyons, en conséquence, que cet usage, d'accord avec les principes, peut être réputé général et applicable à tout le département.

191. Quand, par l'effet de la présomption légale ou d'une convention expresse, le fermier est tenu de laisser tous les foins de la der-

---

(1) Duranton, tom. 17, n° 101.— Duvergier, tom. 3, n° 443.—Troplong, Louage, tom. 2, n° 340.

(2) Troplong, Louage, tom. 2, n° 783.—Duranton, tom. 17, n° 218.— Duvergier, tom. 4, n° 225.

nière année, il peut néanmoins nourrir ses bestiaux sur les produits de la récolte jusqu'à l'expiration du bail. L'usage général est d'allouer à cet effet un quart des foins au fermier sortant. Cette proportion semble juste, car il s'écoule environ trois mois, ou le quart de l'année, entre la récolte des foins et le 29 septembre. Nous croyons donc qu'on doit partout s'y conformer.

Faisons remarquer toutefois que, quand le fermier doit les foins sur pied, il ne peut y toucher, et perd tout droit aux prairies, à partir du 2 février ou du 1<sup>er</sup> avril, ainsi que nous l'avons dit plus haut (n° 166).

192. Dans le canton de Plancoët, on accorde aussi au fermier sortant un douzième des pailles de l'année. Cet usage moins général que celui relatif aux foins, se justifie par les mêmes considérations, car il s'écoule environ un mois entre le temps où les blés sont battus et celui de la sortie des fermiers.

Cette quantité de foins et pailles doit toujours être consommée sur la métairie et ce qui en reste au 29 septembre ne peut être enlevé par le fermier sortant.

193. Les *chaumes* ou *gluis* doivent être récoltés, mis en gerbes et amoncelés par le fer-

mier sortant, parce que l'usage est d'en effectuer la coupe avant le 29 septembre, c'est-à-dire à une époque où il est encore chargé de l'exploitation de la métairie.

194. Lorsqu'il a été dressé au commencement du bail un procès-verbal de renable constatant l'état des émondes, trempes, récoltes, pailles et engrais reçus par le fermier à son entrée, et qu'il devra à sa sortie, les règles que nous venons de rappeler reçoivent les modifications suivantes, conséquences d'une convention présumée.

195. *Emondes*. Si les émondes et les bois de fossés, laissés à fin de bail, ne valent pas ceux qui ont été reçus à l'entrée en jouissance, il est dû une indemnité par le fermier. Réciproquement, s'ils valent mieux, il a droit à récompense pour ceux qu'il n'a pas coupés. Pour calculer la récompense due au preneur, on estime le produit net de la coupe arrivée à maturité ; on divise ce produit par le nombre d'années de la coupe et on attribue au fermier sortant autant de parts qu'il y a d'années pendant lesquelles il n'a pas profité des bois. Soit, par exemple, un bail de neuf ans dans le canton de Pontrieux, où les bois se coupent à sept ans : si, au commencement du bail, les émondes

sont en pousse d'un an, le fermier qui les coupera après six ans de jouissance, les rendra en âge de trois ans. Il aura droit alors à une indemnité égale aux deux septièmes de la valeur de la coupe parvenue à maturité, déduction faite des frais d'exploitation.

On règle, d'après les mêmes bases, l'indemnité due au propriétaire, quand le fermier a fait plus de coupes que la durée de son bail n'en comportait.

196. *Trempes.* Le fermier doit les trempes telles qu'elles sont décrites au procès-verbal. Si celles qu'il laisse sont inférieures, il est tenu à dédommagement. Si, au contraire, elles sont supérieures, il a droit à une indemnité. L'usage qui le veut ainsi, est conforme d'une part à l'intérêt public, parce qu'il encourage à bien cultiver, et de l'autre, à l'intention présumée des parties, parce qu'en constatant l'état des terres, elles sont naturellement censées avoir entendu qu'on se ferait raison du plus comme du moins. Le propriétaire, d'ailleurs, n'a pas sujet de se plaindre, parce que l'obligation de rembourser un excédant est presque toujours plus que compensée par l'avantage de reprendre ses terres en meilleur état.

197. *Récoltes en terre*. Le fermier doit laisser des labours et récoltes semblables à ceux qu'il a trouvés au commencement du bail, et il paie une indemnité pour le déficit ; mais l'usage ne l'autorise pas à exiger le prix des ajoncs et genêts qui excèdent la quantité portée au procès-verbal. Il peut seulement les enlever, si le propriétaire ou le fermier entrant ne veulent pas les payer. Il en est de même des trèfles : cependant dans quelques endroits, on a coutume de les rembourser, quand ils ne sont pas hors de proportion avec l'importance de la métairie. Ainsi, on le fait, par exemple, dans le canton de Perros, lorsque les champs sous trèfle n'excèdent pas le tiers des terres labourables. Mais nous doutons que cette habitude constitue un usage ayant force de loi.

198. Dans les métairies dont les baux expirent au 1er mars, le fermier doit laisser ensemencés les grains d'hiver, grains qu'il a lui-même reçus à son entrée et dont la quantité est constatée par un procès-verbal ; au mois de juillet, après la sortie du fermier, les récoltes sont évaluées par experts. Si elles sont jugées inférieures à celles qu'il a reçues, il doit la différence selon le prix des derniers marchés d'août. Si elles sont supérieures, on lui tient

compte de l'excédant en nature, sous la déduction d'un quart retenu par le fermier entrant, qui fait seul la récolte et garde toutes
les pailles.

199. Dans les cantons où l'on fait des guérets blancs, le fermier sortant doit préparer
les guérets avant le 24 juin qui précède sa
sortie, et le fermier entrant peut à son tour
venir les labourer avant la Saint-Michel.

200. A part le cas des guérets blancs, celui
où les foins sont dus sur pied (n° 166), et celui
où les chaumes doivent être laissés dans cet
état (*infrà*, n° 202), le fermier entrant n'a
droit d'exercer aucun acte-de possession avant
le commencement de son bail. Il lui faut même
le consentement du fermier sortant pour semer du trèfle dans les blés de ce dernier, de
manière à se préparer un pâturage pour l'é-
poque de son entrée en jouissance.

201. *Pailles et engrais.* Les pailles et engrais sont dus dans les quantité et qualité portées au procès-verbal. Le fermier paie une indemnité pour le déficit, et le propriétaire ne
peut retenir l'excédant qu'en le payant à dire
d'experts. Les pailles doivent être en tas dans
l'aire, les foins serrés ou en meule, les fumiers
en monceaux.

202. Quant aux gluis, ils doivent être coupés, mis en gerbe et amoncelés, à moins que le procès-verbal n'exprime que le fermier les laissera sur pied. Dans ce dernier cas, il lui est interdit de les faire paître par ses bestiaux, qui les endommageraient; il doit aussi leur laisser la hauteur usitée dans le pays. Cette hauteur varie tellement selon les lieux, l'espèce de récolte et la force du blé, qu'il est impossible de la ramener à des règles bien précises. Aux environs de Saint-Brieuc, on laisse aux chaumes de froment de 40 à 50 centimètres. Dans les environs de Paimpol, Merdrignac et Bégard, on ne leur donne que 35 centimètres. Presque partout les chaumes de seigle ont quelque chose de plus que les autres; et leur longueur atteint parfois 60 et quelques centimètres.

L'inobservation de l'usage du pays à l'égard de la longueur des gluis n'offre pas un grand inconvénient pour le propriétaire quand il a droit à tous les ensouchements, parce qu'il retrouve sur les pailles ce qu'il perd sur les chaumes. Mais il est important d'y veiller quand le fermier ne doit pas toutes les pailles, car il a intérêt à en augmenter la quantité au détriment des chaumes.

Lorsque les chaumes sont dus sur pied, le fermier entrant peut en faire la coupe avant le 29 septembre. Cet usage se justifie par la considération que les chaumes se détériore-raient jusqu'à la Saint-Michel. Le fermier sor-tant trouve d'ailleurs son avantage à ce qu'on agisse ainsi, parce que, après la coupe, il peut faire paître les champs par ses bestiaux jusqu'à la fin de son bail.

203. Dans tous les anciens procès-verbaux de renable et dans une grande partie des nou-veaux, les quantités de fumier et de paille sont évaluées en charretées. Il serait donc important de savoir quel est, dans chaque endroit, le vo-lume de ces charretées. Nous avons fait tous nos efforts pour parvenir à le connaître, mais la discordance des renseignements qui nous ont été transmis, souvent par les personnes d'un même canton, ne nous permet pas de croire qu'il existe un usage constant à cet égard. Nous nous bornerons donc à donner la moyenne générale qui résulte des différentes apprécia-tions.

Le volume de la charretée de fumier bien tassé est tantôt de 27 pieds cubes qui font un mètre cube, et tantôt de 32 pieds qui don-nent un mètre, 185 décim. cubes ou un mètre , 185 mill. de mètre cube. Ces deux mesures sont les plus généralement adoptées et on les retrouve dans tout le département. Celle de 27 pieds cubes paraît plus suivie dans les arrondissements de Guingamp et Loudéac ; celle de 32 pieds cubes dans celui de Saint-Brieuc.

Nous pensons que cette dernière est la plus conforme à l'ancien ordre de choses, et que l'autre n'a été introduite que depuis l'établissement des nouvelles mesures. On devrait donc, selon nous, évaluer à 32 pieds cubes les charretées des anciens procès-verbaux.

Pour avoir une valeur égale de vieux fumier et de fumier nouveau et non tassé, on doit ajouter, selon les circonstances, un quart ou un tiers au volume de la charretée du second. Ainsi, il faut de 40 à 43 pieds cubes de nouveau fumier pour équivaloir à 32 pieds cubes de vieux.

204. La charretée de paille est encore bien moins fixe que celle de fumier. Dans quelques endroits, et notamment à Plancoët et Matignon, on la calcule comme étant de 1,000 kilogrammes. Mais, presque partout, on la considère comme devant peser 500 kilogrammes seulement. Les renseignements qui nous

ont été transmis font varier son volume entre sept et quatorze mètres cubes ; cependant , la mesure la plus ordinaire est de dix à onze mètres cubes. On conçoit , du reste , que , suivant qu'elle est plus ou moins bien tassée , la paille doit offrir à poids égal un volume très-différent.

205. La charretée de foin équivaut aussi à 5oo kilogrammes.

206. Pour prévenir des difficultés , il serait à souhaiter que , dans tous les procès-verbaux , on évaluât le fumier en mètres cubes , en indiquant son âge et sa qualité.

Quant à la paille et au foin , la meilleure manière de les apprécier est au poids. Lorsque cela est impossible , il faut également les évaluer en mètres cubes , et indiquer leur degré de tassement et leur qualité.

# CHAPITRE III.

### Bail à moitié fruits.

207. Le bail à moitié fruits est un bail d'héritages ruraux, dont le fermage consiste en une quote-part des fruits produits par l'héritage.

Cette espèce de bail, rare ou inconnue dans les arrondissements de Lannion et Guingamp, et dans la partie *ouest* de ceux de Saint-Brieuc et Loudéac, est assez commune dans le reste du département.

Les conditions de ces baux varient à l'infini et sont généralement réglées avec soin par les contrats. Nous allons donner ici un résumé des clauses les plus ordinaires pour servir à l'interprétation de ceux qui seraient incomplets sur quelques points. Nous devons faire observer aussi que tous les usages relatifs aux baux à ferme s'appliquent en général à ceux à moitié : il y a donc lieu de recourir aux premiers, cha-

que fois que nous n'indiquerons pas un usage
contraire pour les seconds.

208. Au commencement du bail, les pailles, foins et engrais sont presque toujours fournis en entier par le propriétaire, et le fermier,
à sa sortie, doit laisser sans récompense tous
ceux qui se trouvent sur la métairie.

209. Lorsqu'il existe un procès-verbal qui
constate la quantité de renable due par le fermier, le propriétaire qui veut retenir l'excédant, en vertu de l'art. 1778 du Code civil,
n'est tenu d'en payer que la moitié : l'autre
moitié lui appartenant déjà comme coïntéressé
dans l'exploitation.

210. La même règle s'applique aux ajoncs,
trèfles, genêts, qui, à fin de bail, ne sont
pas parvenus à maturité : le propriétaire qui
veut les conserver ne paie que la moitié de
leur valeur, et comme on ne les prise ordinairement qu'à moitié prix, à cause du temps
qu'ils doivent encore occuper la terre, il en
résulte que le fermier ne reçoit en réalité qu'à
peu près le quart de la valeur de la récolte,
parvenue à maturité.

211. Tous les ustensiles de labour sont fournis par le fermier auquel ils appartiennent et
qui reste chargé de leur entretien.

212. L'achat des bestiaux ; les frais de vé-térinaire et ceux de saillie sont payés, moitié par le propriétaire et moitié par le fermier. Les semences sont aussi à la charge commune.

213. Les impôts fonciers sont présumés dus par le propriétaire, mais le plus souvent une clause spéciale les met pour moitié à la charge du métayer.

214. Il n'y a pas d'usage bien déterminé rela-tivement aux fourrages et engrais qu'il est utile d'acheter dans le cours de la ferme. Ainsi, à Lamballe, le fermier ne paie que le tiers des engrais, mais il en fait le charroi sans indem-nité. Ailleurs, au contraire, il paie seul tous les fourrages. Ces usages n'ont rien de fixe, ni d'obligatoire : il convient donc, quand le bail est muet à cet égard, que les parties s'entendent avant de faire des achats de ce genre.

215. Les bois de fossés, dits courants et pi-quants, comme ronces, ajoncs, épines, etc., restent au fermier pour son chauffage. Le lai-tage, le beurre, les poulets, oies et canards, élevés sur la métairie, lui appartiennent aussi en entier.

216. Toutes les récoltes, ainsi que le prix de la laine des moutons et des bestiaux ven-

dus en foire, se partagent par moitié, s'il n'y a convention contraire. Le plus ordinairement les baux écrits réduisent la part du fermier dans les pommes à cidre et dans les émondes au tiers, quelquefois même au quart; mais il faut une convention pour réduire la part du fermier à moins de moitié.

217. Les grains sont battus et ventilés par le fermier. On les partage sur l'aire, après prélèvement des semences pour l'année suivante.

218. Le fermier doit le lin roui et séché, et les émondes en fagots.

219. Quand il y a un pressoir et des futailles attachés à la ferme, il doit aussi le cidre façonné. Dans le cas contraire, on partage les pommes.

220. Enfin, lorsqu'il existe un harnois dans la métairie, le fermier doit transporter au domicile du bailleur la part afférente à celui-ci dans les produits, pourvu que la distance n'excède pas 15 kilomètres (V. *infrà*, n° 231).

221. Indépendamment de ces stipulations générales, les baux en renferment presque toujours d'autres qui aggravent la position des fermiers, soit en leur imposant le paiement d'une redevance en argent, soit en les grevant de charrois pour l'utilité de la métairie ou pour

l'usage du maître, soit enfin en les chargeant de menues prestations, comme livraison de chapons, poulets, oies, canards, beurre, porcs, etc., à certaines époques de l'année; mais ces charges particulières doivent toujours être formellement stipulées.

222. A fin de bail, les bestiaux se partagent par moitié entre le propriétaire et le fermier.

223. Assez ordinairement, quand l'objet loué consiste en pièces de terre détachées, les règles des baux à moitié fruits reçoivent quelques modifications. Ainsi le bailleur ne fournit pas d'engrais et le fermier ne doit pas de renable. Quelquefois aussi, mais plus rarement, le fermier fournit seul les semences. Presque toujours le bailleur reste exclusivement chargé de l'impôt foncier.

Les auteurs qui ont traité du bail à moitié fruits, le considérant plutôt comme un contrat de société que comme un contrat de louage, décident qu'il se résout de plein droit par la mort du preneur. Sans vouloir entrer dans la discussion de cette question de droit, nous constaterons seulement qu'il est d'usage certain chez nous que les héritiers succèdent à l'exploitation des baux à moitié, comme à l'exploitation des baux à prix d'argent.

Cet usage constant et reconnu nous semble devoir faire loi par application de l'art. 1160 du Code civil, qui veut qu'on supplée dans les contrats toutes les clauses qui sont d'usage, quoiqu'elles n'y soient pas exprimées.

# CHAPITRE IV.

## Bail à convenant.

224. Le bail à *convenant* ou à *domaine congéable* est une espèce de contrat de louage qui confère au fermier la propriété de tous les édifices et superfices existant sur l'immeuble, à l'exception des arbres forestiers propres à faire du bois d'œuvre.

Le bailleur porte le nom de *propriétaire foncier*; le fermier, celui de *colon* ou *domanier*; le fermage, celui de *rente convenancière*, et l'héritage affermé, celui de *convenant* ou *tenue convenancière*.

225. Le bailleur qui veut *congédier*, c'est-à-dire, renvoyer son fermier ou colon, doit préalablement lui rembourser, à dire d'experts, la valeur de tous les édifices, arbres fruitiers, trempes, émondes et bois puinais existant sur la tenue. Contrairement à ce qui se pratique dans les autres baux à ferme, la

tacite réconduction se présume, si le propriétaire foncier n'a pas manifesté son intention de reprendre possession de sa terre par une demande en congément, formée six mois au moins avant le 29 septembre.

226. Le bail à convenant n'existe que dans les trois départements du Finistère, du Morbihan et des Côtes-du-Nord, et encore n'en trouve-t-on aucune trace dans l'arrondissement de Dinan et dans les cantons de Pléneuf, Lamballe, Collinée et Plouguenast.

227. Son origine se perd dans la nuit des temps. On suppose cependant qu'il remonte au quatrième siècle, époque où les Bretons, chassés de la Grande-Bretagne par les Saxons, vinrent se réfugier dans l'Armorique, et qu'il a son principe dans les concessions de terrain que firent aux nouveaux venus les propriétaires du sol alors en grande partie couvert de forêts. Les concessionnaires recevaient le terrain à charge de le défricher, d'y construire les édifices et clôtures nécessaires, et de payer une redevance annuelle assez faible. Les bailleurs conservaient le droit de rentrer en jouissance, mais à charge de rembourser aux colons la valeur des améliorations et travaux par eux faits.

8 *

228. Avant la révolution, le bail à *domaine congéable* était régi par d'anciens usages qui différaient selon les lieux, et qui ont été recueillis dans les cinq usements de Tréguier et Gouëllo, Rohan, Cornouailles, Poher, Brouérec.

Le 6 août 1791, une loi ramena à l'unité les différents usages suivis et constitua une espèce de Code sur la matière.

229. Les nombreuses difficultés auxquelles donnent lieu les baux à convenant trouvent leur solution dans la combinaison de la loi de 1791, des principes généraux du droit, et enfin de ceux des anciens usages qui se sont perpétués jusqu'à nos jours.

Dire jusqu'à quel point les anciens usements ou usages entrent comme élément dans la solution de ces difficultés, serait une chose extrêmement longue et difficile. Le bail à convenant a d'ailleurs été l'objet de plusieurs traités spéciaux et d'une jurisprudence imposante, auxquels il est indispensable de recourir.

Nous nous bornerons, en conséquence, à signaler ici quelques particularités relatives au paiement de la redevance convenancière.

230. De tout temps, la rente convenancière a été portable, de plein droit, au do-

micile du propriétaire foncier. Toutefois, un arrêt du parlement de Bretagne, rendu en 1695 et mentionné au *Journal des arrêts du Parlement*, tome 2, p. 457, avait décidé que l'on ne pouvait exiger le transport à plus de trois lieues ; et la loi de 1791, article 5, a consacré cette jurisprudence par une disposition formelle.

231. La limite de trois lieues ou quinze kilomètres a été étendue, par l'usage, à tous les fermages et rentes portables, quand la convention n'a pas fixé une autre distance.

232. Aux termes de l'article 10 de la loi de 1791, les impôts fonciers de la tenue doivent être acquittés en totalité par le colon, qui est autorisé à en retenir une partie au foncier sur la redevance convenancière, proportionnellement à cette redevance. Pour éviter une ventilation difficile et dispendieuse, s'est établi l'usage constant, sinon légal, de réduire un dixième sur le montant de la rente convenancière. Aussi dit-on généralement que ces rentes sont sujettes à la déduction du dixième.

# CHAPITRE V.

### Louage des domestiques.

233. Le domestique est un individu attaché à la personne ou au ménage d'un maître chez lequel il demeure, chez lequel il mange, et dont il reçoit des gages fixes pour prix de son travail.

Les domestiques se louent, sans écrit, à l'année, ou sur le pied de tant par an.

Il y a entre ces deux sortes de louages une distinction bien importante à établir, et qui est faite par tous les auteurs qui ont traité de la matière.

234. Quand les domestiques sont loués à l'année, ils ne peuvent quitter le maître, et le maître ne peut les renvoyer sans indemnité que pour des causes graves abandonnées à l'appréciation du juge. La liberté reste entière des deux côtés, mais l'inexécution des engagements, de quelque part qu'elle vienne, auto-

rise la partie lésée à demander un dédommagement. (Art. 1142 du C. C.)

Tous les gens employés aux travaux de l'a-
griculture sont censés loués à l'année ; la nécessité d'exécuter, à des époques déterminées,
ces travaux, qui sont plus pénibles dans certaines saisons, a fait admettre presque partout cet usage (1).

235. Dans une grande partie du département, on a l'habitude de louer des domestiques pour le temps de la moisson. Ces domestiques, que dans quelques lieux on appelle
*méliviers* ou *valets d'août*, sont gagés pour trois
mois, et doivent indemnité s'ils quittent avant
l'expiration du terme, de même qu'une indemnité leur est due s'ils sont renvoyés sans
juste cause.

236. Les domestiques à l'année entrent au
service, dans la majeure partie des Côtes-du-
Nord, le jour de la Saint-Jean (24 juin) ; dans
quelques cantons de la côte ouest, l'année
commence à la Toussaint ; il est enfin d'autres
cantons où l'usage n'a rien de fixe.

---

(1) Duvergier, tom. 4, n° 287. — Troplong, Louage, tom. 3, n° 861. — Duranton, tom. 17, n° 229.

237. Les règles ci-dessus ne sont pas applicables aux domestiques dont les travaux ont pour les maîtres la même importance dans toutes les saisons, comme les laquais, femmes de chambres, cuisiniers ou cuisinières, etc. Ils sont censés loués à tant par an, et peuvent toujours quitter et être renvoyés sans indemnité.

238. Il n'existe aucune règle fixe en ce qui concerne le salaire des domestiques : nous pourrions donc nous dispenser d'en parler, mais quelques-unes des stipulations qui se font dans les Côtes-du-Nord ont un caractère local que nous sommes bien aise d'indiquer. Dans tout le département, on gage les domestiques, moyennant un nombre d'écus déterminé. Ceux qui sont loués pour le service de l'août, reçoivent dans quelques lieux un salaire en argent, plus une certaine quantité de grain, parfois même quelques objets d'habillement. Dans le canton de Plestin, il n'est pas rare, nous écrit-on, qu'en outre de l'argent donné au domestique, on ne lui promette encore sept aunes de toile, une *ourdissure* de veste si c'est un garçon; de jupe ou *justin*, si c'est une fille; deux paires de sabots et quatre jours de tailleur pour réparer ses vieilles

hardes. Dans les communes où l'on sème beaucoup de lin , les domestiques obtiennent parfois la jouissance d'un terrain suffisant pour semer 20 kilogrammes de graine. Il arrive encore que d'autres stipulent le charroi d'une certaine quantité de sable de mer pour leurs parents , etc., etc.....

239. Quand le bail est près d'expirer , disent les auteurs, le maître doit à l'avance , et dans un délai fixé par l'usage des lieux , manifester l'intention de garder ou de congédier le domestique. Dans le département, il n'y a aucun délai fixe, le maître n'est tenu nulle part de donner congé; cependant, pour les domestiques loués à l'année, quand un certain temps avant l'expiration du terme, temps qui varie, suivant les localités, de deux mois à quinze jours , le maître n'a pas de nouveau gagé son serviteur , celui-ci comprend qu'il ne doit plus rester et se loue ailleurs.

Le silence des parties en pareil cas équivaut de part et d'autre à un congé , et l'on ne peut pas invoquer de tacite réconduction.

## Compétence.

240. La compétence des juges de paix, en matière de louage, est déterminée dans les articles 1er, 3, 4 et 5, § 1, 3 et 4 de la loi du 25 mai 1838. Voici leurs dispositions :

ART. 1er. — Les juges de paix connaissent de toutes actions purement personnelles ou mobilières, en dernier ressort, jusqu'à la valeur de cent francs, et, à charge d'appel, jusqu'à la valeur de deux cents francs.

ART. 3. — Les juges de paix connaissent, sans appel, jusqu'à la valeur de cent francs, et, à charge d'appel, à quelque valeur que la demande puisse s'élever : — Des actions en paiement de loyers ou fermages, des congés, des demandes en résiliation de baux, fondées sur le seul défaut de paiement de loyers ou fermages ; des expulsions de lieux et des demandes en validité de saisie-gagerie ; le tout lorsque les locations verbales ou par écrit n'excèdent pas annuellement, à Paris, quatre cents francs, et deux cents francs partout ailleurs. — Si le prix principal du bail consiste en denrées ou prestations en nature, appréciables d'après les mercuriales, l'évaluation sera faite sur celles du jour de l'échéance, lorsqu'il s'agira du paiement des fermages ; dans tous les autres cas, elle aura lieu suivant les mercuriales du mois qui aura précédé la demande. Si le prix principal du bail consiste en prestations non appréciables d'après les mercuriales, ou s'il s'agit de baux à colons partiaires, le juge de paix déterminera la compétence, en prenant pour base du revenu de la propriété le principal de la contribution foncière de l'année courante, multiplié par cinq.

Art. 4. — Les juges de paix connaissent, sans appel, jusqu'à la valeur de cent francs, et, à charge d'appel, jusqu'au taux de la compétence en dernier ressort des tribunaux de première instance : — 1° Des indemnités réclamées par le locataire ou fermier pour non-jouissance provenant du fait du propriétaire, lorsque le droit à une indemnité n'est pas contesté ; — 2° Des dégradations et pertes, dans les cas prévus par les articles 1732 et 1735 du Code civil. — Néanmoins, le juge de paix ne connaît des pertes causées par incendie ou inondation que dans les limites portées par l'art. 1er de la présente loi.

Art. 5. — Les juges de paix connaissent également sans appel, jusqu'à la valeur de cent francs, et, à charge d'appel, à quelque valeur que la demande puisse s'élever : — 1°....... — 2° Des réparations locatives des maisons ou fermes, mises par la loi à la charge du locataire ; — 3° Des contestations relatives aux engagements respectifs des gens de travail au jour, au mois et à l'année, et de ceux qui les emploient ; des maîtres et des domestiques ou gens de service à gages ; des maîtres et de leurs ouvriers ou apprentis, sans néanmoins qu'il soit dérogé aux lois et règlements relatifs à la juridiction des prud'hommes.

Toutes les autres difficultés auxquelles le contrat de louage peut donner naissance rentrent dans la compétence des tribunaux civils de première instance.

# TITRE QUATRIEME.

OBJETS DIVERS.

—

## CHAPITRE PREMIER.

### Métrage.

Art. 1159 C. C. — Ce qui est ambigu s'interprète par ce qui est d'usage dans le pays où le contrat est passé.

Art. 1160 C. C. — On doit suppléer dans le contrat les clauses qui y sont d'usage, quoiqu'elles n'y soient pas exprimées.

241. Il s'élève souvent des difficultés sur la manière dont on doit opérer le mesurage des différents travaux de construction, et

spécialement des maçonneries, enduits, couvertures et peintures. Voici le mode le plus
généralement suivi dans tout le département,
en l'absence de stipulations spéciales.

### Maçonneries.

242. On ne tient compte que de la surface
des murs, sauf à prendre leur épaisseur en
considération dans la fixation des prix.

On ne retranche pas les vides des portes,
fenêtres, armoires d'attache et autres ouvertures d'une dimension ordinaire. Le tout se
mesure comme plein.

Quand il existe dans un mur des tuyaux
de cheminée, on considère d'abord ce mur
comme plein ; puis on ajoute, à la surface
obtenue, la moitié du développement de chacun des tuyaux. Pour obtenir ce demi-développement, on prend la largeur moyenne du
tuyau et d'une de ses *hanches*, et on multiplie le tout par la hauteur du tuyau entier,
à partir de l'âtre.

### Enduits.

243. On mesure exactement la surface des
plafonds et enduits en déduisant les vides des
portes et fenêtres. Cependant, quand il existe,

de chaque côté des embrasures , des retours revêtus d'enduits , on néglige ces retours et , par compensation , on mesure vide comme plein , sans déduction de l'espace occupé par les ouvertures.

### Couvertures.

244. On calcule la surface du toit sans déduire le vide des ouvertures, et l'on ajoute quatre mètres carrés par chaque fenêtre de mansarde.

### Peintures.

245. On mesure exactement l'ouvrage fait : pour cela , on développe, à l'aide d'un fil , les moulures et filets qui existent dans la boiserie.

On suit ordinairement la même méthode pour la peinture des croisées. Cependant , dans plusieurs localités , l'usage est de ne pas en déduire les vides ; mais alors , par compensation , on ne tient compte que d'une des surfaces , quand la fenêtre est peinte en dehors et en dedans , et d'une demi-surface , quand la fenêtre n'est peinte que d'un seul côté.

Les règles sur le mesurage des peintures sont , du reste, si peu fixes, qu'il convient d'arrêter ses conventions à l'avance pour éviter des difficultés.

# CHAPITRE II.

## Du Goëmon.

246. Le *goëmon*, plante marine, qui croît sur les rochers des côtes et îlots baignés par la mer, et qui fournit un engrais précieux pour l'agriculture, est l'objet d'une exploitation très-importante sur la côte *ouest* de notre département. Celui que le flux et le reflux détache journellement est rejeté par le flot sur le rivage, où les cultivateurs viennent le recueillir. Les habitants des communes riveraines de la mer vont, de plus, chaque année, dans la saison d'hiver, couper sur les rochers celui qui y reste attaché.

L'ordonnance de la marine de 1681, livre 4, titre 10, a réglé ce qui concerne la récolte du goëmon. Cette ordonnance a été modifiée ou plutôt complétée par un arrêté de M. le préfet des Côtes-du-Nord, en date du 25 octobre 1839, qui constitue un règlement local ayant force de loi dans tout le département. Les dispositions de cet arrêté intéressant une grande partie des habitants du littoral, nous le transcrivons dans son entier.

Le Préfet du département des Côtes-du-Nord,

Vu l'arrêté du gouvernement du 18 thermidor an 10 ;

Vu l'ordonnance de la marine du mois d'août 1681 ;

Vu celle du 30 mai 1731 ;

Vu l'arrêté réglementaire de l'un de nos prédécesseurs (1), en date du 12 prairial an 11 ;

Vu celui du 10 octobre 1834 ;

Vu la délibération du conseil général des Côtes-du-Nord du 27 août 1836, qui propose diverses modifications reconnues utiles ;

Considérant qu'il importe de réunir dans un même acte toutes les dispositions relatives à cette matière, pour que l'ensemble en soit mieux saisi et l'exécution plus assurée ;

Maintenant le principe :

Que, d'après les lois en vigueur, la coupe du goëmon étant d'un intérêt privé, les délits et contraventions sur cette matière ne peuvent pas être considérés comme objet de grande voirie ; qu'ils doivent, par conséquent, être déférés à l'autorité judiciaire et non au conseil de préfecture, comme le porte l'arrêté du 12 prairial an 11 ;

---

(1) M. Boullé.

Que l'arrêté du gouvernement du 18 thermidor an 10, en autorisant les préfets à faire des actes réglementaires sur la pêche du goëmon, a imposé l'obligation expresse que les règlements seraient conformes aux lois ; que l'ordonnance de la marine du mois d'août 1681, dont les dispositions sont renouvelées par celle du 31 mai 1731, sont et demeurent les seules lois qui régissent la coupe du goëmon, et que les articles 6 et 7 de l'arrêté de notre prédécesseur ne sont pas en harmonie avec ces ordonnances, qui attribuent à l'autorité judiciaire la connaissance des délits et contraventions sur la coupe de cette plante ;

ARRÊTE :

Art. 1er.— La coupe du goëmon ou varech appartient exclusivement aux habitants des communes sur les côtes desquelles croît cette plante marine.

Art. 2.— Sont exceptés néanmoins de cette exclusion les rochers, îlots et îles situés en pleine mer, et inabordables à pied et à cheval en toute saison, sur lesquels la coupe du goëmon demeure permise à tous particuliers, même non riverains, mais en temps convenable et déterminé par le conseil municipal de la commune la plus voisine.

Art. 3.— Il est d'ailleurs libre, en tout temps, au premier occupant, de recueillir le goëmon *arraché par la mer et flottant ou jeté par les eaux sur les grèves*, sans pouvoir y être troublé par les riverains.

Ceux qui auront ainsi recueilli cette plante pourront en disposer à leur gré, l'exporter et la vendre hors de la commune où elle aura été recueillie.

Art. 4.— Pour l'exécution des articles 1er et 2e ci-dessus, les conseils municipaux des communes voisines des côtes sont autorisés à s'assembler extraordinairement le troisième dimanche de novembre de chaque année, pour fixer le jour auquel s'ouvrira et commencera la faculté de couper le goëmon. Cette faculté ne pourra s'étendre, suivant le cours des marées, que du 4 janvier au 4 mai, et chaque conseil municipal en déterminera la durée suffisante dans cet intervalle. Le maire enverra, dans la huitaine, au sous-préfet de l'arrondissement, une expédition de la délibération du conseil municipal, qui sera publiée et affichée dans la commune.

Art. 5. — Cette délibération sera également exécutée dans les communes qui, autrefois succursales et dépendantes de la commune maritime, y avaient le droit de couper le goëmon, et ont été détachées du chef-lieu par décisions légales; elles sont maintenues dans leur ancien droit, dont leurs procédés agricoles sollicitent la conservation, à la charge de se conformer aux lois et règlements. Il leur sera adressé, à cet effet, une copie de la délibération.

Art. 6. — Outre la coupe du goëmon commençant en hiver, une seconde pourra être permise en été, après indication de son ouverture par le conseil municipal; mais dans les communes seulement qui justifieront préalablement au préfet de l'usage et de l'utilité de cette seconde coupe pour l'intérêt particulier de l'agriculture.

Cette seconde coupe ne pourra durer plus de quarante jours.

Art. 7. — Il est expressément défendu : 1° de troubler les riverains dans leur coupe exclusive, ci-dessus réglée ; 2° de couper et enlever le goëmon la nuit, ainsi que le prescrivent les ordonnances ci-dessus citées.

Art. 8. — L'expérience ayant prouvé qu'il est plus dangereux de remplir des bateaux de goëmon que de remorquer des radeaux avec des bateaux, le transport par radeaux est autorisé ; mais défenses sont faites d'en remorquer plus d'un à la fois et de placer des hommes sur les radeaux pour les diriger.

Art. 9. — Les contraventions aux dispositions précédentes seront constatées par procès-verbaux des maires ou de leurs adjoints, des commissaires de police, des gardes-champêtres ou autres officiers de police judiciaire. Ces actes seront adressés à l'autorité judiciaire compétente, pour, les contrevenants, être condamnés, s'il y a lieu, aux peines portées par l'ordonnance du 30 mai 1731, sans préjudice de toutes poursuites criminelles ou correctionnelles, en cas de rébellion, violence ou excès.

Art. 10. — Il est défendu aux riverains des côtes de transporter ou vendre, pour être transporté hors de la commune, le goëmon par eux coupé sur leur territoire, et ce sous peine de l'amende portée par l'article 6, titre 2 de l'ordonnance.

Toutefois, le superflu du goëmon pourra être vendu hors territoire, au profit de la commune en possession, sur la demande spéciale et expresse du conseil municipal, dûment autorisé à en délibérer.

Art. 11. — Les difficultés qui pourraient survenir sur la désignation des rochers, îlots et îles déserts, situés en pleine mer, et même au sujet des îles exploitées par un seul cultivateur incapable d'en con-

sommer tout le goëmon, seront instruites administra-
tivement pour être ensuite, en cas de non-concilia-
tion, renvoyées à la décision de l'autorité compétente.

Art. 12. — A l'égard des îles où il y a des forte-
resses, le préfet se réserve de se concerter avec les
chefs de l'autorité militaire sur les précautions à
prendre pour leur sûreté, de manière à concilier
l'intérêt général avec le libre abord des bateaux goë-
moniers, sans nuire à la coupe du goëmon, si importante à l'agriculture.

Art. 13. — Les dispositions précédentes ne sont
point applicables à l'enlèvement et au transport des
sables ou marle de mer, qui demeurent libres, en
tout temps et à tous particuliers, comme par le passé, sauf les abus auxquels il sera obvié sur les ré-
clamations, si aucunes sont faites.

Art. 14. — Les arrêtés réglementaires des 12 prairial an 11, 10 octobre 1834, 5 et 29 décembre 1836,
sont rapportés.

Fait à la Préfecture des Côtes-du-Nord, le 25 octobre 1839.

Le Préfet,

THIEULLEN.

# CHAPITRE III.

## Des anciennes Mesures.

247. Parmi les mesures locales supprimées depuis l'établissement du système métrique, il y en a quelques-unes dont il est encore nécessaire aujourd'hui de connaître la valeur pour interpréter les conventions passées sous leur empire. Ce sont les mesures agraires, et celles de capacité pour les grains et autres matières sèches. Nous croyons donc utile de donner leur rapport avec celles qui les ont remplacées.

Les deux tableaux qui suivent sont extraits d'un travail dû aux soins et recherches de MM. Marée, principal honoraire du collége; Campion, actuellement directeur de l'école normale de Rennes, et Blanchard, vérificateur des poids et mesures. Ce travail, approuvé par l'administration, a été imprimé par son ordre en 1840.

## TABLEAU DES MESURES AGRAIRES.

| NOMS des COMMUNES. | NOMS des ANCIENNES MESURES. | VALEUR des Nouvelles MESURES. |
|---|---|---|
| | | Ares. Mill. |
| Jugon. . . . . . . . . | Jour. . . . . . . . | 72, 936 |
| Merdrignac. . . . . . | Jour (100 cordes). | 60, 780 |
| Dans tout le départe-ment. . . . . . . . | Journal ( 80 cor-des). . . . . . . | 48, 624 |
| Loudéac ( arrondisse-ment).. . . . . . . | Journée ou jour-nal (60 cordes). | 36, 468 |
| *Idem.* . . . . . | Journée de fau-cheur (40 cor-des). . . . . . . . | 24, 312 |
| Broons, Jugon, Lou-déac, Collinée, La Chèze, Merdrignac, Plouguenast. . . . . | Porte, vergée ou cinquante. . . | 5, 039 |
| Mûr. . . . . . . . . . | Porte (40 gaules). | 2, 701 |
| Dans tout le départe-ment. . . . . . . | Sillon. . . . . . . | 2, 431 |
| *Idem.* . . . . | Corde.. . . . . . | 0, 608 |
| *Idem.* . . . . . | Raie. . . . . . . | 0, 405 |
| Guingamp, La Roche, Tréguier, Loudéac, La Chèze, Mûr, Uzel. . . . . . . . . | Gaule ou toise (car-ré de 8 pieds de côté). . . . . . | 0, 068 |

## TABLEAU DES MESURES DE CAPACITÉ.

| NOMS des COMMUNES. | NOMS des ANCIENNES MESURES. | VALEUR des Nouvelles MESURES. (décalitres. litres. décilitres. centilitres.) |
|---|---|---|
| Saint-Brieuc.. | Boisseau comble (blé-noir, avoine, orge, pois roux, fèves)... | 3,386 |
| | *Idem* racle (froment, seigle, pois verts).. | 2,620 |
| Châtelaudren, Plouha... (Mesures de Goëllo.) | Boisseau (fro., comble). | 5,460 |
| | *Idem* (*id.*, mesure marchande)...... | 4,855 |
| | *Idem* (*id.*, racle)... | 4,250 |
| | *Idem* (seigle comble). | 5,240 |
| | *Idem* (*id.*, mesure marchande)...... | 4,585 |
| | *Idem* (*id.*, racle)... | 5,930 |
| | *Idem* (blé-noir et avoine)........ | 6,772 |
| Lamballe... | Froment, seigle et orge : | |
| | Quart (d'après matrice en cuivre)......... | 2,964 |
| | Boisseau. ........ | 5,928 |
| | Perrée. ......... | 11,856 |
| | Avoine et blé-noir : | |
| | Quart........... | 3,103 |
| | Boisseau (d'après la matrice en cuivre).... | 6,206 |
| | Perrée. ......... | 12,412 |

| NOMS des COMMUNES. | NOMS des ANCIENNES MESURES. | VALEUR des Nouvelles MESURES. |
|---|---|---|
| | | d. l d. c. |
| Lanvollon. . . | Boisseau (dit 14 godets). | 4,696 |
| | *Idem* (dit demi). . . | 2,805 |
| Moncontour. . | Perrée (froment, seigle, blé-noir). . . . . . | 19,032 |
| | Bois. (1/2 per. pour *id*). | 9,516 |
| | Quart (1/2 bois. pour *id*). | 4,758 |
| | Perrée (avoine). . . . | 28,548 |
| | Bois. (1/2 per. pour *id*). | 14,274 |
| | Quart (1/2 bois. pour *id*). | 7,137 |
| Paimpol. . . | Boisseau (mesure comble, 16 godets). . . | 5,511 |
| | *Idem* (mesure marchande, 14 godets). | 4,822 |
| | *Idem* (racle, 12 god.), | 4,133 |
| | Godet. . . . . . . . | 0,344 |
| Quintin. . . . | Boisseau (avoine et blé-noir). . . . . . . | 3,587 |
| | *Idem* (seigle). . . | 2,980 |
| Dinan. . . . . | Boisseau (gros grains). . | 5,350 |
| | Quart (*id*). . . . . . | 2,675 |
| | Boisseau (froment). . . | 4,980 |
| | Quart (*id*). . . . . . | 2,490 |
| Broons. . . . | Quart (froment). . . | 2,402 |
| | *Idem* (avoine et blé-noir). | 3,003 |

| NOMS des COMMUNES. | NOMS des ANCIENNES MESURES. | VALEUR des Nouvelles MESURES. |
|---|---|---|
| | | d. l. d. c. |
| Evran | Boisseau. | 5,438 |
| | Quart. | 2,719 |
| Jugon | Boisseau. | 6,496 |
| | Quart. | 3,248 |
| Matignon. | Perrée (3 boisseaux). | 11,862 |
| | Boisseau (2 quarts). | 3,954 |
| | Quart. | 1,977 |
| Plancoët. | Boisseau (pour le sel). | 6,531 |
| | *Idem* (froment). | 5,358 |
| | Quart. | 2,679 |
| | Boisseau (seigle, avoine et blé-noir). | 5,748 |
| | Quart (*id*). | 2,874 |
| Ploubalay. | Boisseau. | 5,753 |
| | Quart. | 2,866 |
| GUINGAMP, Bourbriac. | Boisseau (froment). | 4,017 |
| | *Idem* (seigle). | 4,567 |
| | *Idem* (blé-noir). | 5,214 |
| | *Idem* (avoine). | 4,440 |
| Belle-Isle-en-Terre. | Boisseau (froment). | 5,160 |
| | *Idem* (comble). | 5,818 |
| Callac. | Boisseau. | 5,207 |

| NOMS des COMMUNES. | NOMS des ANCIENNES MESURES. | VALEUR des Nouvelles MESURES. |
|---|---|---|
| | | d. l. d. c. |
| Pontrieux. . . | Boisseau (dit la jûte). . | 9,763 |
| | Boisseau. . . . . . . . . | 5,582 |
| | *Idem* (sel). . . . . . | 5,427 |
| | *Idem* (chaux). . . . . | 4,307 |
| | *Idem* (charbon). . . | 2,253 |
| Rostrenen. . . | Somme (8 stalonnées). . | 30,392 |
| | Stalonnée (seigle). . . . | 3,799 |
| Lannion. . . . | Boisseau (comble). . . . | 6,236 |
| | Boisseau ou renée. . . | 5,499 |
| | Demi-boisseau ou demi-renée. . . . . . . . . | 2,626 |
| Plouaret. . . . | Renée (froment). . . . | 5,391 |
| Perros-Guirec. | Boisseau. . . . . . . . . | 6,604 |
| Tréguier , La Roche-Derrien. | Froment : | |
| | La jûte. . . . . . . . . | 9,662 |
| | Boisseau (de marché). . | 6,250 |
| | *Idem* (de recette). . | 5 502 |
| | *Idem* (dit la moitié). . | 3,199 |
| | *Idem* (dit le quart). . | 2,502 |
| | Avoine et blé-noir : | |
| | Boisseau. . . . . . . . | 6, » » » |
| | *Idem* (dit demi). . . | 4, » » » |
| | *Idem* (blé-noir). . . | 3, » » » |

| NOMS des COMMUNES. | NOMS des ANCIENNES MESURES. | VALEUR des Nouvelles MESURES. |
|---|---|---|
| | | d l. d. c. |
| LOUDÉAC. | Demé | 3,420 |
| | Boisseau (3 demés) | 10,260 |
| | Perrée (6 demés) | 20,520 |
| | Perrée (8 demés) | 27,360 |
| Collinée. | Quart | 3,180 |
| | Perrée (4 quart) | 12,720 |
| Corlay. | Boisseau (avoine) | 3,500 |
| | Idem (seigle) | 3, » » » |
| Gouarec. Mesure du Prince de Rohan. | Boisseau | 3,040 |
| La Chèze. Mesure de la Trinité. | Demé | 3,800 |
| | Boisseau (3 demés) | 11,400 |
| | Perrée (6 demés) | 22,800 |
| Merdrignac. | Demé | 3,480 |
| | Boisseau | 6,970 |
| | Idem (fruits à cidre) | 10,454 |
| Mûr. | Demi-minot (seig. et fro). | 2,500 |
| | Minot (id) | 5, » » » |
| | Renot (id) | 10, » » » |
| | Double-renot (ou perr). | 20, » » » |
| | Demi-minot (avoine et blé-noir, comble). | 3,100 |
| | Minot (id). | 6,200 |
| | Renot. | 12,400 |
| | Double-renot (perrée). | 24,800 |
| Plouguenast. | Se servait des mesures de Moncontour. | . . . . . . |
| Uzel. | Boisseau. | 2,669 |

# CHAPITRE IV.

## Topographie légale du département des Côtes-du-Nord (1).

248. Le département des Côtes-du-Nord est un des cinq départements formés de l'ancienne province de Bretagne. Il est borné au nord par l'Océan (la Manche), à l'est par le département d'Ille-et-Vilaine, au sud par celui du Morbihan et à l'ouest par celui du Finistère. Sa superficie est de 687,833 hectares 67 ares, et sa population de 607,572 habitants, d'après le recensement de 1841.

249. Les lois y sont exécutoires cinq jours rancs après leur promulgation ; Saint-Brieuc, qui en est le chef-lieu, étant éloigné de Paris de 44 myriamètres 6 kilomètres, suivant le tableau légal des distances contenu dans l'arrêté du 25 thermidor an xi.

---

(1) Plusieurs des détails qui suivent auraient peut-être été mieux placés en tête de ce volume. Nous les avons rejetés à la fin pour les réunir tous dans le même chapitre.

250. Le département des Côtes-du-Nord est situé dans le ressort de la cour royale de Rennes, devant laquelle sont portés les appels des jugements rendus par les tribunaux de première instance et de commerce.

Il est divisé en cinq arrondissements, dont les chefs-lieux sont : Saint-Brieuc, Dinan, Guingamp, Lannion et Loudéac. Ces cinq arrondissements se subdivisent en quarante-huit cantons, qui comprennent 376 communes.

Un tribunal civil de première instance siége dans chacun des cinq chefs-lieux d'arrondissement. Celui de Saint-Brieuc, composé de deux chambres et de sept juges, est tribunal d'appel des jugements correctionnels rendus dans les quatre autres arrondissements. L'appel des jugements correctionnels du tribunal de Saint-Brieuc est déféré à la cour royale de Rennes.

Il existe, dans l'arrondissement de Saint-Brieuc, trois tribunaux de commerce, établis par le décret du 6 octobre 1809, à Saint-Brieuc, Paimpol et Quintin.

Celui de Saint-Brieuc comprend, dans son ressort, les cantons de Saint-Brieuc nord et midi, Châtelaudren, Lamballe, Pléneuf et Etables ; celui de Paimpol, les cantons de

Paimpol, Plouha et Lanvollon ; celui de Quintin, les cantons de Quintin, Plœuc et Moncontour.

Les quatre autres arrondissements ne possédant pas de tribunaux de commerce, les matières commerciales sont déférées aux juges civils, conformément à l'article 640 du Code de commerce.

251. Comme il est souvent nécessaire de connaître la distance d'un point du département à un autre, nous avons cru faire une chose utile en joignant le tableau des distances à la liste des cantons et des communes, qui devait naturellement trouver place dans notre travail.

Le dernier tableau des distances, dressé pour le département le 1$^{er}$ juillet 1824, contient un assez grand nombre d'erreurs que M. le préfet se propose de redresser. Grâce à la bienveillance qu'on a eue de nous communiquer les rectifications projetées, nous sommes à même de les faire connaître à l'avance et de donner le tableau tel que l'administration se propose de le publier.

Nous avons classé les communes par cantons : les chefs-lieux se distinguent par un caractère différent.

| DÉSIGNATION des COMMUNES. | DISTANCE DES COMMUMES AU CHEF-LIEU JUDICIAIRE. | | |
|---|---|---|---|
| | du Canton. | de l'Arondisse-ment. | du Département. |

**ARRONDISSEMENT DE SAINT-BRIEUC.**

| DÉSIGNATION des COMMUNES. | Myr. | Kil. | Myr. | Kil. | Myr. | Kil. |
|---|---|---|---|---|---|---|
| **Saint-Brieuc** (NORD). | » | » | » | » | » | » |
| La Méaugon | » | 7 | » | 7 | » | 7 |
| Plérin | » | 3 | » | 3 | » | 3 |
| Ploufragan | » | 4 | » | 4 | » | 4 |
| Pordic | » | 8 | » | 8 | » | 8 |
| Trémuson | » | 8 | » | 8 | » | 8 |
| **Saint-Brieuc** (MIDI). | » | » | » | » | » | » |
| Hillion | 1 | 2 | 1 | 2 | 1 | 2 |
| Langueux | » | 4 | » | 4 | » | 4 |
| Plédran | » | 8 | » | 8 | » | 8 |
| Saint-Donan | 1 | 5 | 1 | 5 | 1 | 5 |
| Saint-Julien | » | 8 | » | 8 | » | 8 |
| Trégueux | » | 4 | » | 4 | » | 4 |
| Yffiniac | » | 7 | » | 7 | » | 7 |
| **Châtelaudren** | » | » | 2 | » | 2 | » |
| Boqueho | » | 7 | 2 | 3 | 2 | 3 |
| Cohiniac | 1 | » | 2 | » | 2 | » |
| Plélo | » | 3 | 2 | » | 2 | » |
| Plerneuf | 1 | » | 1 | 2 | 1 | 2 |
| Plouvara | » | 6 | 1 | 8 | 1 | 8 |
| Trégomeur | » | 9 | 1 | 5 | 1 | 5 |
| Tréméloir | 1 | 2 | 1 | 2 | 1 | 2 |
| **Etables** | » | » | 1 | 8 | 1 | 8 |
| Binic | » | 3 | 1 | 5 | 1 | 5 |
| Lantic | » | 5 | 1 | 5 | 1 | 5 |
| Plourhan | » | 3 | 2 | » | 2 | » |

| DÉSIGNATION des COMMUNES. | DISTANCE DES COMMUNES AU CHEF-LIEU JUDICIAIRE | | | | | |
|---|---|---|---|---|---|---|
| | du Canton. | | de l'Arrondisse-ment. | | du Départe-ment. | |
| | Myr. | Kil. | Myr. | Kil. | Myr. | Kil. |
| Saint-Quay. . . . . . . . | » | 4 | 2 | 2 | 2 | 2 |
| Tréveneuc. . . . . . . . | » | 7 | 2 | 5 | 2 | 5 |
| **Lamballe.** . . - . . . | » | » | 2 | » | 2 | » |
| Andel. . . . . . . . . | » | 5 | 2 | » | 2 | » |
| Coëtmieux. . . . . . . | » | 7 | 1 | 8 | 1 | 8 |
| Landehen. . . . . . . | » | 6 | 2 | 5 | 2 | 5 |
| La Poterie. . . . . . . | » | 3 | 2 | 7 | 2 | 7 |
| La Malhoure. . . . . . | » | 8 | 3 | 7 | 3 | 7 |
| Maroué. . . . . . . . | » | 5 | 2 | 4 | 2 | 4 |
| Meslin. . . . . . . . | » | 5 | 2 | » | 2 | » |
| Morieux. . . . . . . | 1 | » | 1 | 5 | 1 | 5 |
| Noyal. . . . . . . . | » | 3 | 2 | 7 | 2 | 7 |
| Pommeret. . . . . . . | 1 | 1 | 1 | 4 | 1 | 4 |
| Saint-Aaron. . . . . . | » | 5 | 2 | 9 | 2 | 9 |
| Saint-Rieul. . . . . . | 1 | » | 3 | 4 | 3 | 4 |
| Trégomar. . . . . . . | » | 7 | 3 | 1 | 3 | 1 |
| **Lanvollon.** . . . . . | » | » | 2 | 8 | 2 | 8 |
| Gommenech. . . . . . | » | 6 | 3 | » | 3 | » |
| Lannebert. . . . . . . | » | 3 | 2 | 6 | 2 | 6 |
| Le Faouët. . . . . . . | » | 7 | 3 | 3 | 3 | 3 |
| Le Merzer. . . . . . . | 1 | » | 2 | 9 | 2 | 9 |
| Pléguien. . . . . . . | » | 4 | 2 | 4 | 2 | 4 |
| Pommerit-le-Vicomte. . | » | 9 | 2 | 9 | 2 | 9 |
| Tréguidel. . . . . . . | » | 6 | 1 | 8 | 1 | 8 |
| Tréméven. . . . . . . | » | 6 | 3 | » | 3 | » |
| Tressignaux. . . . . . | » | 2 | 2 | 2 | 2 | 2 |
| Trévérec. . . . . . . | » | 6 | 3 | » | 3 | » |
| **Moncontour.** . . . . | » | » | 2 | 5 | 2 | 5 |
| Bréhand. . . . . . . | » | 7 | 2 | 7 | 2 | 7 |
| Hénon. . . . . . . . | » | 6 | 2 | 5 | 2 | 5 |

| DÉSIGNATION des COMMUNES. | DISTANCE DES COMMUNES AU CHEF-LIEU JUDICIAIRE | | | | | |
|---|---|---|---|---|---|---|
| | du Canton. | | de l'Arrondissement. | | du Département. | |
| | Myr. | Kil. | Myr. | Kil. | Myr. | Kil. |
| Penguily. . . . . . . . | 1 | 2 | 3 | 7 | 3 | 7 |
| Quessoy. . , . . . . . | » | 7 | 1 | 8 | 1 | 8 |
| Saint-Carreuc. . . . . | 1 | » | 1 | 5 | 1 | 5 |
| Saint-Glen. . . . . . | 1 | » | 3 | 5 | 3 | 5 |
| Saint-Trimoël . . . . . | » | 7 | 3 | 2 | 3 | 2 |
| Trébry. . . . . . . | » | 6 | 3 | 1 | 3 | 1 |
| Trédaniel. . . . . . | » | 1 | 2 | 6 | 2 | 6 |
| **Paimpol.** . . . . . | » | » | 4 | 5 | 4 | 5 |
| Bréhat. . . . . . . | 1 | » | 6 | » | 6 | » |
| Kérity. . . . . . . . | » | 3 | 3 | 7 | 3 | 7 |
| Ploubazlanec. . . . . | » | 3 | 4 | 8 | 4 | 8 |
| Plouézec. . . . . . . | » | 7 | 3 | 8 | 3 | 8 |
| Plounez. . . . . . . | » | 2 | 4 | 2 | 4 | 2 |
| Plourivo. . . . . . . | » | 3 | 4 | » | 4 | » |
| Yvias. . . . . . . | » | 6 | 3 | 5 | 3 | 5 |
| **Pléneuf.** . . . . . | » | » | 2 | 6 | 2 | 6 |
| Erquy . . . . . . . , | » | 9 | 3 | 5 | 3 | 5 |
| Planguenoual. . . . . | » | 8 | 1 | 8 | 1 | 8 |
| Plurien. . . . . . . | 1 | 3 | 3 | 8 | 3 | 8 |
| Saint-Alban. . . . . . | » | 4 | 2 | 5 | 2 | 5 |
| **Plœuc.** . . . . . . | » | » | 2 | 4 | 2 | 4 |
| La Harmoye. . . . . | 1 | 8 | 2 | 6 | 2 | 6 |
| Lanfains. . . . . . . | 1 | 5 | 2 | 5 | 2 | 5 |
| Le Bodéo. . . . . . | 1 | 5 | 2 | 6 | 2 | 6 |
| L'Hermitage. . . . . | » | 6 | 2 | 2 | 2 | 2 |
| Plaintel . . . . . . | 1 | » | 1 | 4 | 1 | 4 |
| **Plouha.** . . . . . | » | » | 2 | 5 | 2 | 5 |
| Lanleff. . . . . . . | 1 | 3 | 3 | » | 3 | » |
| Lanloup. . . . . . . | » | 5 | 3 | » | 3 | » |
| Plébédel. . . . . . . | » | 8 | 3 | » | 3 | » |

| DÉSIGNATION des COMMUNES. | DISTANCE DES COMMUNES AU CHEF-LIEU JUDICIAIRE | | | | | |
|---|---|---|---|---|---|---|
| | du Canton. | | de l'Arrondissement. | | du Département. | |
| | Myr. | Kil. | Myr. | Kil. | Myr. | Kil. |
| Pludual. . . . . . . . . | » | 5 | 2 | 5 | 2 | 5 |
| **Quintin**. . . . . . . . | » | » | 2 | 4 | 2 | 4 |
| Le Fœil. . . . . . . . . | » | 3 | 1 | 7 | 1 | 7 |
| Le Leslay. . . . . . . . | » | 5 | 2 | 5 | 2 | 5 |
| Le Vieux-Bourg. . . . . | » | 7 | 2 | 7 | 2 | 7 |
| Plaine-Haute. . . . . . | » | 7 | 1 | 2 | 1 | 2 |
| Saint-Bihy. . . . . . . . | » | 5 | 2 | 5 | 2 | 5 |
| Saint-Brandan. . . . . . | » | 3 | 2 | » | 2 | » |
| Saint-Gildas. . . . . . . | 1 | » | 3 | » | 3 | » |

### ARRONDISSEMENT DE DINAN.

| DÉSIGNATION des COMMUNES. | du Canton. | | de l'Arrondissement. | | du Département. | |
|---|---|---|---|---|---|---|
| **Dinan** (EST). . . . . . . | » | » | » | » | 6 | » |
| Lanvallay. . . . . . . . | » | 2 | » | 2 | 6 | 2 |
| Léhon. . . . . . . . . . | » | 1 | » | 1 | 5 | 9 |
| Pleudihen. . . . . . . . | 1 | 1 | 1 | 1 | 7 | 1 |
| Saint-Hélen. . . . . . . | » | 8 | » | 8 | 6 | 8 |
| Saint-Solain. . . . . . . | » | 5 | » | 5 | 6 | 5 |
| Tressaint. . . . . . . . . | » | 4 | » | 4 | 6 | 4 |
| **Dinan** (OUEST) . . . . | » | » | » | » | 6 | » |
| Aucalleuc. . . . . . . . | » | 7 | » | 7 | 5 | 4 |
| Bobital. . . . . . . . . . | » | 7 | » | 7 | 5 | 8 |
| Brusvily. . . . . . . . . | 1 | 1 | 1 | 1 | 5 | 7 |
| Calorguen. . . . . . . . | » | 6 | » | 6 | 6 | 4 |
| Le Hinglé. . . . . . . . | » | 8 | » | 8 | 6 | 1 |
| Plouer. . . . . . . . . . | 1 | 1 | 1 | 1 | 7 | 1 |
| Quévert. . . . . . . . . | » | 4 | » | 4 | 5 | 8 |
| Saint-Carné. . . . . . . | » | 5 | » | 5 | 6 | » |
| Saint-Samson. . . . . . | » | 6 | » | 6 | 6 | 6 |

| DÉSIGNATION des COMMUNES. | DISTANCE DES COMMUNES AU CHEF-LIEU JUDICIAIRE | | | | | |
|---|---|---|---|---|---|---|
| | du Canton. | | de l'Arrondissement. | | du Département. | |
| | Myr. | Kil. | Myr. | Kil. | Myr. | Kil. |
| Taden | » | 4 | » | 4 | 6 | 2 |
| Trélivan | » | 6 | » | 6 | 5 | 5 |
| Trévron | » | 9 | » | 9 | 6 | 2 |
| **Broons** | » | » | 2 | 6 | 4 | 8 |
| Eréac | » | 9 | 3 | 5 | 4 | 8 |
| Lanrelas | 1 | » | 3 | 6 | 6 | 1 |
| Mégrit | » | 9 | 2 | » | 5 | » |
| Rouillac | 1 | » | 3 | 6 | 5 | » |
| Sévignac | » | 7 | 3 | 3 | 4 | 4 |
| Trédias | » | 7 | 2 | 2 | 4 | 8 |
| Trémeur | » | 4 | 2 | 5 | 4 | 5 |
| Yvignac | » | 9 | 1 | 7 | 5 | 3 |
| **Evran** | » | » | 1 | 1 | 7 | 1 |
| Le Quiou | » | 5 | 1 | 5 | 7 | 5 |
| Plouasne | 1 | 1 | 2 | 2 | 8 | » |
| Saint-André-des-Eaux | » | 3 | 1 | 1 | 7 | » |
| Saint-Judoce | » | 2 | 1 | 3 | 7 | 3 |
| Saint-Juvat | » | 7 | 1 | 2 | 6 | 3 |
| Tréfumel | » | 7 | 1 | 5 | 6 | 6 |
| **Jugon** | » | » | 2 | 2 | 3 | 8 |
| Dolo | » | 3 | 2 | 5 | 3 | 8 |
| Lescouet | » | 1 | 2 | 1 | 3 | 9 |
| Plédéliac | » | 7 | 2 | 9 | 3 | 2 |
| Plénée-Jugon | » | 9 | 3 | 1 | 3 | 5 |
| Plestan | 1 | » | 3 | 2 | 2 | 7 |
| Saint-Igneuc | » | 3 | 2 | 5 | 3 | 7 |
| Tramain | » | 6 | 2 | 8 | 3 | 1 |
| **Matignon** | » | » | 2 | 8 | 4 | 4 |
| Hénansal | 1 | 3 | 3 | 3 | 3 | » |
| Hénanbihen | » | 7 | 3 | » | 3 | 7 |

| DÉSIGNATION des COMMUNES. | DISTANCE DES COMMUNES AU CHEF-LIEU JUDICIAIRE | | | | | |
|---|---|---|---|---|---|---|
| | du Canton. | | de l'Arrondissement. | | du Département. | |
| | Myr. | Kil. | Myr. | Kil. | Myr. | Kil. |
| La Bouillie | 1 | 1 | 3 | 6 | 3 | » |
| Pléboulle | » | 4 | 3 | 2 | 4 | » |
| Pléhérel | 1 | » | 3 | 8 | 4 | 4 |
| Plévenon | » | 9 | 3 | 7 | 4 | 5 |
| Ruca | » | 4 | 2 | 7 | 4 | » |
| Saint-Cast | » | 4 | 3 | 2 | 4 | 8 |
| Saint-Denoual | 1 | 2 | 3 | 1 | 3 | 7 |
| Saint-Pôtan | » | 6 | 2 | 4 | 4 | 4 |
| **Plancoët** | » | » | 1 | 8 | 5 | » |
| Bourseul | » | 5 | 1 | 8 | 5 | » |
| Corseul | » | 7 | 1 | 1 | 5 | 6 |
| Créhen | » | 5 | 2 | 3 | 5 | 5 |
| Landébia | » | 8 | 2 | 6 | 4 | 2 |
| Languenan | » | 8 | 1 | 1 | 5 | 8 |
| Plessis-Balisson | » | 7 | 1 | 4 | 5 | 7 |
| Pléven | » | 7 | 2 | 5 | 4 | » |
| Pluduno | » | 2 | 2 | » | 4 | 8 |
| Quintenic | 1 | 5 | 3 | 3 | 3 | 5 |
| Saint-Lormel | » | 1 | 1 | 9 | 5 | 1 |
| **Plélan-le-Petit** | » | » | 1 | 4 | 4 | 6 |
| La Landec | » | 3 | 1 | 1 | 4 | 9 |
| Languedias | » | 5 | 1 | 6 | 5 | » |
| Plorec | » | 8 | 2 | 1 | 4 | » |
| Saint-Maudez | » | 4 | 1 | 2 | 4 | 9 |
| Saint-Méloir | » | 5 | 1 | 9 | 4 | 5 |
| Saint-Michel-de-Plélan | » | 5 | 1 | 5 | 4 | 9 |
| Trébédan | » | 7 | 1 | 1 | 5 | 1 |
| Vildé-Guingalan | » | 5 | » | 9 | 5 | 1 |
| **Ploubalay** | » | » | 1 | 8 | 6 | 1 |
| Lancieux | » | 4 | 2 | 2 | 5 | 8 |

| DÉSIGNATION des COMMUNES. | DISTANCE DES COMMUNES AU CHEF LIEU-JUDICIAIRE. | | | | | |
| --- | --- | --- | --- | --- | --- | --- |
| | du Canton. | | de l'Arrondissement. | | du Département. | |
| | Myr. | Kil. | Myr. | Kil | Myr. | Kil. |
| Langrolay............ | 1 | 3 | 1 | 5 | 6 | 8 |
| Pleslin.............. | 1 | » | 1 | 1 | 6 | 5 |
| Saint-Jacut-de-la-Mer... | » | 6 | 2 | 4 | 6 | » |
| Trégon............. | » | 4 | 2 | 1 | 5 | 7 |
| Tréméreuc........... | » | 7 | 2 | 4 | 6 | 2 |
| Trigavou............ | » | 8 | 1 | 1 | 6 | 1 |
| **S.-Jouan-de-l'Isle**.. | » | » | 2 | 4 | 5 | 7 |
| Caulnes............. | » | 3 | 2 | 1 | 5 | 7 |
| Guenroc............ | 1 | » | 1 | 8 | 6 | 6 |
| Guitté.............. | » | 8 | 2 | 2 | 6 | 6 |
| La Chapelle-Blanche.... | » | 1 | 2 | 5 | 5 | 8 |
| Plumaugat........... | » | 8 | 3 | 2 | 5 | 6 |
| Plumaudan........... | 1 | 2 | 1 | 5 | 5 | 8 |
| Saint-Maden......... | 1 | 1 | 1 | 6 | 6 | 4 |

## ARRONDISSEMENT DE GUINGAMP.

| | du Canton. | | de l'Arrondissement. | | du Département. | |
| --- | --- | --- | --- | --- | --- | --- |
| **Guingamp**......... | » | » | » | » | 3 | 2 |
| Coadout. ............ | » | 5 | » | 5 | 4 | » |
| Grâces............. | » | 4 | » | 4 | 3 | 8 |
| Moustéru............ | 1 | » | 1 | » | 4 | 5 |
| Pabu............... | » | 4 | » | 4 | 4 | » |
| Plouisy ............. | » | 5 | » | 5 | 4 | » |
| Ploumagoar.......... | » | 3 | » | 3 | 3 | 3 |
| Saint-Agathon......... | » | 4 | » | 4 | 3 | 3 |
| **Bégard**............ | » | » | 1 | 7 | 5 | 2 |
| Kermoroch........... | 1 | » | » | 8 | 4 | 5 |
| Landébaëron......... | 1 | » | 1 | » | 4 | 5 |
| Pédernec. .......... | » | 5 | 1 | » | 4 | 5 |

| DÉSIGNATION des COMMUNES. | DISTANCE DES COMMUNES AU CHEF-LIEU JUDICIAIRE | | | | | |
|---|---|---|---|---|---|---|
| | du Canton. | | de l'Arrondissement. | | du Département. | |
| | Myr. | Kil. | Myr. | Kil. | Myr. | Kil. |
| Saint-Laurent | » | 7 | 1 | » | 4 | 5 |
| Squiffiec | 1 | 4 | 1 | » | 4 | 5 |
| Trégonneau | 1 | 4 | » | 5 | 4 | » |
| **Belle-Isle**-en-Terre | » | » | 2 | 5 | 6 | » |
| Gurunhuel | 1 | » | 2 | » | 5 | » |
| Locquenvel | » | 4 | 2 | 9 | 6 | 5 |
| Louargat | » | 6 | 1 | 9 | 5 | 5 |
| Plougonver | 1 | » | 2 | 5 | 6 | » |
| Tréglamus | 1 | 3 | 1 | 5 | 5 | » |
| **S. Nicolas**-du-Pelem | » | » | 3 | 5 | 4 | 5 |
| Canihuel | » | 8 | 3 | 5 | 4 | 3 |
| Kerpert | 1 | » | 2 | 5 | 4 | » |
| Lanrivain | » | 6 | 3 | » | 5 | » |
| Peumerit-Quintin | 1 | 3 | 3 | » | 5 | » |
| Saint-Conan | 1 | 7 | 2 | 5 | 3 | 5 |
| Saint-Gilles-Pligeaux | 1 | » | 2 | 5 | 3 | 5 |
| Sainte-Tréphine | » | 5 | 4 | » | 4 | 5 |
| **Bourbriac** | » | » | 1 | » | 4 | 5 |
| Kérien | 1 | » | 2 | 5 | 5 | 5 |
| Magoar | 1 | » | 2 | » | 5 | 5 |
| Plésidy | » | 8 | 1 | 3 | 4 | 5 |
| Pont-Melvez | 1 | » | 1 | 5 | 4 | 5 |
| Saint-Adrien | » | 5 | » | 8 | 4 | 3 |
| Senven-Lehart | 1 | 4 | 2 | » | 4 | » |
| **Callac** | » | » | 3 | » | 6 | 5 |
| Calanhel | » | 7 | 3 | 5 | 7 | » |
| Carnoët | 1 | » | 4 | » | 7 | 5 |
| Duault | » | 6 | 3 | 5 | 7 | » |
| Lohuec | 1 | » | 3 | 5 | 7 | » |
| Maël-Pestivien | 1 | » | 2 | 5 | 6 | » |

| DÉSIGNATION des COMMUNES. | DISTANCE DES COMMUNES AU CHEF-LIEU JUDICIAIRE | | | | | |
|---|---|---|---|---|---|---|
| | du Canton. | | de l'Arrondissement. | | du Département. | |
| | Myr. | Kil. | Myr. | Kil. | Myr. | Kil. |
| Pestivien | 1 | » | 2 | 5 | 6 | » |
| Plourach | 1 | » | 4 | 5 | 7 | 5 |
| Plusquellec | » | 5 | 3 | 7 | 7 | » |
| **Maël-Carhaix** | » | » | 5 | 2 | 8 | » |
| Locarn | » | 6 | 4 | 5 | 7 | 5 |
| Le Moustoir | » | 8 | 5 | 8 | 8 | 5 |
| Paule | » | 7 | 5 | 8 | 8 | 8 |
| Plévin | 1 | 3 | 6 | 3 | 9 | 3 |
| Trébrivan | » | 6 | 5 | 5 | 8 | » |
| Treffin | 1 | 2 | 5 | » | 8 | » |
| Tréogan | 1 | 8 | 5 | 8 | 9 | 3 |
| **Plouagat** | » | » | 1 | 2 | 2 | 2 |
| Bringolo | » | 6 | 1 | 3 | 2 | 5 |
| Goudelin | » | 8 | 1 | » | 2 | 8 |
| Lanrodec | » | 4 | 1 | 2 | 2 | 5 |
| Saint-Fiacre | 1 | 4 | 2 | 5 | 2 | 3 |
| Saint-Jean-Kerdaniel | » | 5 | 1 | 3 | 2 | 5 |
| Saint-Péver | 1 | » | 1 | 3 | 3 | » |
| **Pontrieux** | » | » | 2 | » | 5 | » |
| Brélidy | » | 7 | 1 | 5 | 5 | 6 |
| Ploëzal | » | 5 | 2 | 5 | 5 | 5 |
| Plouëc | » | 5 | 1 | 5 | 5 | 5 |
| Quemper-Guézennec | » | 5 | 2 | » | 4 | 5 |
| Runan | » | 5 | 2 | » | 5 | 5 |
| Saint-Clet | » | 5 | 1 | 5 | 5 | 5 |
| Saint-Gilles-les-Bois | 1 | » | 1 | 6 | 4 | 5 |
| **Rostrenen** | » | » | 5 | » | 6 | 5 |
| Glomel | » | 7 | 5 | » | 7 | » |
| Kergrist-Moëlou | » | 8 | 4 | » | 6 | » |
| Plouguernevel | » | 6 | 5 | » | 6 | » |
| Plounévez-Quintin | » | 9 | 4 | » | 5 | 5 |

| DÉSIGNATION des COMMUNES. | DISTANCE DES COMMUNES AU CHEF-LIEU JUDICIAIRE | | | | | |
|---|---|---|---|---|---|---|
| | du Canton. | | de l'Arrondissement. | | du Département. | |
| | Myr. | Kil. | Myr. | Kil. | Myr. | Kil. |
| **ARRONDISSEMENT DE LANNION.** | | | | | | |
| **Lannion** | » | » | » | » | 7 | 5 |
| Brélevenez | » | 2 | » | 2 | 7 | 7 |
| Buhulien | » | 5 | » | 5 | 7 | » |
| Caouennec | » | 8 | » | 8 | 6 | 8 |
| Loguivy-lez-Lannion | » | 2 | » | 2 | 7 | 7 |
| Ploubezre | » | 5 | » | 5 | 7 | 3 |
| Ploulech | » | 5 | » | 5 | 8 | » |
| Rospez | » | 8 | » | 8 | 7 | » |
| Servel | » | 5 | » | 5 | 8 | » |
| **La Roche-Derrien.** | » | » | 2 | » | 6 | » |
| Berhet | » | 8 | 1 | 5 | 6 | » |
| Cavan | 1 | 3 | 1 | 5 | 6 | » |
| Coatascorn | 1 | » | 2 | 3 | 5 | 3 |
| Hengoat | » | 5 | 2 | 8 | 5 | 5 |
| Lanvézéac | 1 | » | 1 | 3 | 6 | 3 |
| Mantallot | » | 6 | 1 | 5 | 6 | » |
| Pommerit-Jaudy | » | 3 | 2 | 3 | 5 | 5 |
| Pouldouran | » | 8 | 2 | 5 | 5 | 8 |
| Prat | 1 | » | 1 | 8 | 5 | » |
| Quempervcn | » | 8 | 1 | 3 | 6 | 5 |
| Troguéry | » | 8 | 2 | 5 | 5 | 5 |
| **Lézardrieux** | » | » | 3 | 3 | 5 | 3 |
| Lanmodez | 1 | » | 3 | 8 | 6 | » |
| Pleubian | 1 | 3 | 3 | 5 | 6 | 3 |
| Pleudaniel | » | 3 | 3 | » | 5 | » |
| Pleumeur-Gautier | » | 8 | 3 | » | 5 | 8 |

| DÉSIGNATION des COMMUNES. | DISTANCE DES COMMUNES AU CHEF-LIEU JUDICIAIRE | | | | | |
|---|---|---|---|---|---|---|
| | du Canton. | | de l'Arrondissement. | | du Département. | |
| | Myr. | Kil. | Myr. | Kil. | Myr. | Kil. |
| Trédarzec................ | 1 | » | 2 | 5 | 6 | » |
| **Perros-Guirec**........ | » | » | 1 | » | 8 | 5 |
| Kermaria-Sulard........ | » | 8 | 1 | » | 7 | 5 |
| Louannec.............. | » | 5 | 1 | » | 8 | » |
| Pleumeur-Bodou........ | » | 8 | » | 8 | 8 | 3 |
| Saint-Quay............ | » | 3 | » | 8 | 7 | 5 |
| Trébeurden............ | 1 | » | 1 | » | 8 | 5 |
| Trégastel.............. | » | 5 | 1 | 3 | 8 | 8 |
| Trélevern............. | » | 8 | 1 | 3 | 7 | 5 |
| Trévou-Tréguignec..... | 1 | » | 1 | 5 | 7 | 8 |
| **Plestin**............... | » | » | 2 | » | 9 | » |
| Lanvellec............. | 1 | » | 2 | 3 | 7 | 5 |
| Ploumilliau........... | 1 | » | » | 8 | 7 | 8 |
| Plouzelambre.......... | » | 9 | 1 | 3 | 7 | 5 |
| Plufur................ | 1 | » | 2 | » | 7 | 8 |
| Saint-Michel-en-Grève. . | » | 8 | 1 | 5 | 8 | » |
| Trédrez............... | 1 | » | 1 | 3 | 8 | 3 |
| Tréduder............. | » | 8 | 1 | 5 | 8 | » |
| Trémel............... | » | 7 | 2 | 7 | 9 | » |
| **Plouaret**............. | » | » | 2 | » | 7 | 5 |
| Loguivy-Plougras....... | 1 | 5 | 3 | » | 7 | 5 |
| Plougras.............. | 2 | » | 4 | » | 8 | 3 |
| Plounérin............. | 1 | 3 | 2 | 8 | 8 | » |
| Plounévez-Moëdec...... | » | 8 | 2 | 5 | 7 | » |
| Pluzunet.............. | 1 | » | 1 | 5 | 6 | 5 |
| Tonquédec............ | 1 | » | 1 | 3 | 7 | » |
| Trégrom.............. | » | 5 | 2 | 5 | 6 | 5 |
| **Tréguier**............ | » | » | 2 | 3 | 6 | » |
| Camlez............... | » | 8 | 1 | 5 | 6 | 3 |
| Coatréven............ | 1 | » | 1 | 4 | 7 | » |

| DÉSIGNATION des COMMUNES. | DISTANCE DES COMMUNES AU CHEF-LIEU JUDICIAIRE | | | | | |
|---|---|---|---|---|---|---|
| | du Canton. | | de l'Arrondissement. | | du Département. | |
| | Myr. | Kil. | Myr. | Kil. | Myr. | Kil. |
| Langoat | » | 8 | 1 | 8 | 5 | 5 |
| Lanmérin | 1 | 3 | 1 | » | 6 | 5 |
| Minihy-Tréguier | » | 2 | 2 | 3 | 5 | 8 |
| Penvenan | » | 8 | 2 | » | 6 | 5 |
| Plougrescant | » | 9 | 2 | 8 | 7 | » |
| Plouguiel | » | 2 | 2 | 5 | 6 | 2 |
| Trézény | 1 | 3 | 1 | » | 7 | » |

**ARRONDISSEMENT DE LOUDÉAC.**

| DÉSIGNATION des COMMUNES. | du Canton. | | de l'Arrondissement. | | du Département. | |
|---|---|---|---|---|---|---|
| | Myr. | Kil. | Myr. | Kil. | Myr. | Kil. |
| **Loudéac** | » | » | » | » | 5 | » |
| Hémonstoir | » | 7 | » | 7 | 5 | 3 |
| La Motte | » | 8 | » | 7 | 4 | 3 |
| Saint-Caradec | » | 8 | » | 8 | 4 | 8 |
| Saint-Maudan | » | 7 | » | 7 | 5 | 7 |
| Trévé | » | 6 | » | 6 | 4 | 5 |
| **Collinée** | » | » | 3 | » | 3 | 3 |
| Langourla | 1 | » | 4 | » | 4 | 5 |
| Le Gouray | » | 5 | 3 | 5 | 3 | 5 |
| Saint-Gilles-du-Mené | » | 8 | 2 | 2 | 3 | 8 |
| Saint-Gouéno | » | 7 | 2 | 2 | 3 | 7 |
| Saint-Jacut-du-Mené | » | 4 | 3 | » | 3 | 7 |
| **Corlay** | » | » | 3 | 5 | 3 | 5 |
| Le Haut-Corlay | » | 1 | 3 | 6 | 3 | 5 |
| Plussulien | » | 5 | 3 | » | 4 | » |
| Saint-Martin-des-Prés | 1 | » | 2 | 5 | 3 | » |
| Saint-Mayeux | » | 9 | 2 | 5 | 3 | 6 |
| **Gouarec** | » | » | 4 | » | 5 | » |

| DÉSIGNATION des COMMUNES. | DISTANCE DES COMMUNES AU CHEF-LIEU JUDICIAIRE | | | | | |
|---|---|---|---|---|---|---|
| | du Canton. | | de l'Arrondissement. | | du Département. | |
| | Myr. | Kil. | Myr. | Kil. | Myr. | Kil. |
| Laniscat | » | 5 | 3 | 5 | 4 | 5 |
| Lescouet | 1 | » | 5 | » | 6 | » |
| Mellionnec | 1 | 5 | 5 | 5 | 6 | 5 |
| Perret | » | 6 | 4 | » | 5 | 5 |
| Plélauff | » | 5 | 4 | » | 5 | 5 |
| **La Chèze** | » | » | 4 | » | 6 | » |
| La Ferrière | » | 5 | 1 | 5 | 5 | 5 |
| La Prénessaye | » | 7 | » | 9 | 4 | 8 |
| Plémet | » | 8 | 1 | 3 | 5 | 3 |
| Plumieux | » | 8 | 1 | 8 | 6 | 8 |
| Saint-Barnabé | » | 4 | » | 6 | 5 | 6 |
| Saint-Étienne-du-Gué-de l'isle | » | 4 | 1 | 4 | 6 | 4 |
| **Merdrignac** | » | » | 3 | » | 5 | » |
| Gommené | » | 6 | 2 | 5 | 5 | » |
| Illifaut | 1 | » | 4 | » | 6 | » |
| Laurenan | 1 | » | 2 | » | 4 | 5 |
| Le Loscouët | 1 | 5 | 4 | 5 | 6 | 5 |
| Mérillac | » | 7 | 3 | 6 | 5 | » |
| Saint-Launeuc | » | 6 | 3 | 3 | 6 | » |
| Saint-Vran | » | 6 | 2 | 7 | 4 | 5 |
| Trémorel | 1 | » | 4 | » | 6 | » |
| **Mûr** | » | » | 2 | 2 | 5 | » |
| Caurel | » | 5 | 2 | 5 | 5 | 3 |
| Saint-Connec | » | 6 | 1 | 5 | 5 | 3 |
| S.-Gilles-Vieux-Marché | » | 6 | 2 | 2 | 4 | 5 |
| Saint-Guen | » | 6 | 1 | 5 | 4 | 5 |
| **Plouguenast** | » | » | 1 | 5 | 3 | 3 |
| Gausson | » | 7 | 1 | 6 | 3 | » |
| Langast | » | 2 | 1 | 7 | 3 | 3 |

| DÉSIGNATION des COMMUNES. | DISTANCE DES COMMUNES AU CHEF-LIEU JUDICIAIRE | | | | | |
|---|---|---|---|---|---|---|
| | du Canton. | | de l'Arrondissement. | | du Département. | |
| | Myr. | Kil. | Myr. | Kil. | Myr. | Kil. |
| Plémy................ | » | 7 | 2 | 5 | 2 | 5 |
| Plessala............. | » | 7 | 2 | 2 | 3 | 4 |
| **Uzel**............... | » | » | 1 | 5 | 3 | 5 |
| Allineuc............. | » | 6 | 2 | 1 | 3 | » |
| Grâce............... | » | 6 | » | 9 | 3 | 7 |
| Le Quillio........... | » | 6 | 1 | 5 | 4 | » |
| Merléac............. | » | 6 | 2 | 1 | 3 | 7 |
| Saint-Hervé......... | » | 1 | 1 | 5 | 3 | 5 |
| Saint-Thélo. ........ | » | 7 | 1 | 2 | 4 | » |

# PIÈCES JUSTIFICATIVES.

—

## Usances de la Ville et Fauxbourgs de Rennes.

ARTICLE PREMIER. — L'usement de la Prévôté de Rennes est tel : que les contrahans de chose mobiliaire ès fins et metes de ladite jurisdiction de ladite Prévôté : c'est à sçavoir, en la Ville, neuf Paroisses d'icelle Ville, et en la Châtellenie dudit Rennes, ceux contrahans sont sujets, et peuvent estre contraints par ladite Cour de la Prévôté de Rennes, à entretenir lesdites promesses, grez et octrois par eux faits, esdites fins et metes de ladite Jurisdiction, pourvû qu'en l'ajournement, soit icelui Usement libellé et mentionné : soient lesdits contrahans étrangers du Pays, ou d'autre Jurisdiction quelconque : sauf toutefois les manans et sujets de Vitré et Fougeres, qui sont exempts par privilége special.

ART. II.— Celui qui bâtira ou refera maison de neuf en ladite Ville et Fauxbourgs de Rennes, sera tenu de bâtir à droit plomb, et faire les cloisons côtieres de pierre, entre sa maison et celle de ses voisins , jusqu'aux sableres qui porteront les chevrons de la couverture desdites maisons , et seront lesdites murailles moitoyennes, et en seront lesdites fenêtres et marques d'un côté et d'autre.

Art. III. — Seront tenus les voisins qui ne bâtiront, souffrir qu'on prenne la moitié de la terre en leurs fonds et héritages, pour faire lesdites côtières et murailles moitoyennes. Et contribuëront les voisins pour une moitié de ce que coûteront lesdites murailles, lorsqu'ils voudront s'en servir.

Art. IV.— Ladite muraille moitoyenne sera aux fondemens de trois pieds, et hors les fondemens , de deux pieds et demi , le tout en chaux et sable.

Art. V.— Sera tenu, celui qui édifiera de nouveau, soutenir à ses dépens la maison de son voisin , et rétablir les vieux merrains en état.

Art. VI.— Et si en ladite muraille aucun veut faire jambage , manteaux ou corbeaux de cheminées , ou autres attentes de clôtures , faire le pourra à ses dépens.

Art. VII. — Ausdites murailles le voisin ne pourra mettre ne asseoir les sommiers et autres pièces de bois en l'endroit , et contre les autres sommiers auparavant mis et assis , ni aussi à l'endroit des cheminées.

Art. VIII. — Qui veut faire conduit pour cloaque ou eaux, pour arriver au conduit public, les voisins parsur lesquels le chemin sera le plus commode, seront tenus souffrir le passage., sauf à eux à se servir du conduit, s'ils voyent que bon leur soit, et en ce cas , faire les frais dudit conduit en leur endroit.

Art. IX.— Lorsqu'il sera besoin de faire conduits , pour arriver aux conduits publics, chacun sera tenu contribuer à l'endroit de sa maison , aux frais de l'œuvre dudit conduit.

Art. X.— Qui veut bâtir privé , est tenu de bâtir deux pieds de muraille en chaux et sable, auparavant que d'arriver à la muraille du voisin , propre et commune.

Art. XI.—Vuës mortes, qui sont entenduës faites au-dessus de sept pieds et demi sur plancher , à voirre mort , n'emporteront droit ne possession sur l'héritage du voisin, ensorte qu'il ne soit loisible au voisin de bâtir au sien , et empêcher lesdites vuës, s'il n'y a titre de servitude exprès.

Art. XII.— Et quant aux vuës et fenêtres ouvertes à quatre pieds de plancher, et au-dessous à grille ou voirre couvert, emportent possession, et se pourront prescrire par quarante ans de possession paisible , sans titre (1).

Art. XIII.—Nul ne peut avoir dalles sortantes sur le pavé, en ladite Ville et Fauxbourgs, privez ne ouverture de caves, autres que éventail à droit plomb , sans entrer sur le pavé.

______________

(1) Les jours de souffrance se reconnaissent encore aujourd'hui, pour les maisons construites avant le Code , aux signes indiqués dans cet article. Ordinairement, cependant, ils sont caractérisés en outre par les barreaux de fer prescrits par l'article 3 de l'Usance de Nantes.

## Usances des Ville, Fauxbourgs et Comté de Nantes.

Art. 1er.—L'Usement de la Comté de Nantes est, que le survivant des mariez joüit des acquests faits durant leur mariage; sçavoir, d'une moitié par héritage, et de l'autre par usufruit : Sera observé dorénavant durant la viduité du survivant, en nourrissant par lui les enfans du mariage d'eux deux, s'ils n'ont autrement de quoi vivre. Et s'il se remarioit, départiront ledit survivant et héritiers du prédécédé, moitié par moitié. Et le survivant sera tenu de bailler le double des lettres, des acquests et contrats aux héritiers du décédé, s'ils le veulent avoir, et à ses dépens.

### *En la Ville et Fauxbourgs de Nantes.*

Art. II.—Veuës ne égouts, que l'un des habitans aura sur l'autre, ne porteront à l'avenir aucune droiture ni saisine, s'il n'y en a titre, sans lequel n'y aura lieu d'aucune prescription, pour quelque laps de temps que l'on prétende en avoir possession, ores qu'elle excede la mémoire des hommes, à compter du temps de l'an mil cinq cent trente-neuf que ledit Usement fut premierement mis et redigé par écrit; sans toutefois déroger aux Arrests donnez en semblables cas, lesquels à l'avenir ne seront tirez à conséquence, fors pour le regard des choses jugées.

Art. III.— Celui qui veut faire veuë sur l'heritage d'autruy, la doit faire à sept pieds et demi haut de terre ou de plancher, où il les fait et doit tenir celles veuës fermées à barreaux de fer et voirre dormant et non ouvrant, en maniere qu'on n'y puisse passer ne jetter aucune chose.

**Art. IV.**—Et néanmoins lesdites veuës, le voisin peut édifier en sa terre, sans qu'il lui soit donné empêchement, s'il n'y a convention au contraire.

**Art. V.**—En mur moitoyen et commun, on ne peut, sans le consentement de partie, faire veuës, égouts, retraits ne citernes.

**Art. VI.**—Ès Ville et Fauxbourgs de Nantes, tous murs sont communs entre voisins, jusques à neuf pieds ; c'est à sçavoir, deux pieds en terre, sept pieds au-dessus de terre, qui n'a titre par lettres, fenêtres, marques, ou autres enseignemens.

**Art. VII.**— Jambages de cheminées, corbeaux et autres pieces assises en muraille et ayant saillie, fenêtres et ouvertures de cheminées, démontrent qu'au côté où sont assis, le mur appartient. Et s'il n'y a fenêtre, ouverture ou marque que d'un des côtez seulement, celui mur est reputé être à celui du côté duquel la fenêtre ou marque sera.

**Art. VIII.**—Si en terre commune l'un des voisins édifie mur, et l'autre voisin s'en veut aider pour édifier, ou autrement, faire le pourra, en payant la tierce partie de ce dont il se voudra aider : mais le pourra empêcher celui qui l'aura édifié jusques à ce qu'il soit payé.

**Art. IX.**—Quand aucun veut bâtir près d'un sien voisin et qu'il y a entre deux un mur commun et mutuel, sur lequel est assise gouttiere ou gesse pour porter les eaux communes, celui qui bâtit le premier peut conduire ledit mur commun plus haut que la maison de son voisin, si bon lui semble. Et portera cil qui bâtit, ses eaux comme il verra l'avoir à faire. Et se pourra aider dudit mur lors qu'il voudra hausser sa maison, payant le tiers dudit mur, comme dit est.

Art. X.—S'il y a une gouttiere qui porte les eaux de deux maisons, et qu'il y ait une maison plus haute qué l'autre, et que la gouttiere soit commune, celui qui a sa maison plus haute doit payer ses deux parts de la gouttiere et entretenement d'icelle, et l'autre le tiers.

Art. XI.—Si une maison est divisée entre les parties, en telle maniere que l'une desdites parties ait le bas d'icelle maison, et l'autre le dessus, la partie qui a le bas est tenuë de soûtenir et entretenir les édifices étans au-dessous du premier plancher, ensemble celui premier plancher. Et la partie qui a le dessus, est tenuë de soutenir et entretenir la couverture et autres édifices qui sont sous icelle, jusques audit premier plancher, ensemble les carelis d'icelui plancher, s'il n'y a convention au contraire (1).

Art. XII.—En mur moitoyen et commun, chacune des parties peut percer tout outre le mur pour y mettre et asseoir les poultres et solives et autres bois, en rebouchant les pertuits, sauf à l'endroit des cheminées où l'autre ne peut mettre aucun bois, ne corbeaux ; mais autrement en toutes choses s'en pourra servir, rabillant les choses démolies.

Art. XIII.—Quand aucun édifie maison, et assiet ses soles, le voisin ne peut mettre ne asseoir les soles à l'endroit contre les autres soles auparavant mises et assises.

Art. XIV.— En mur moitoyen, le premier qui assiet ses cheminées pour les courges et corbeaux, peut percer le mur outre, et ne les lui peut-on faire oster ne reculer.

---

(1) La contribution aux réparations des maisons divisées avant le Code se règle encore d'après cet article.

Art. XV. —Murailles et pan de bois, ou terrasses qui ne sont droits; mais sont pendants, ventrus, ou contre-plombés, doivent être redressés aux dépens de ceux à qui ils appartiennent. Et l'une des parties peut contraindre l'autre par Justice, pour reparer et mettre à droit plomb et ligne celui mur et terrasse (1).

Art. XVI. — Quand il y a héritage déclos entre voisins, et l'un d'eux veut qu'il soit fait clôture entr'eux, si l'un n'y veut contribuer, l'autre le peut faire à ses dépens, et pour ce faire, prendre de l'heritage de son voisin jusqu'au montement de la moitié dudit pied et demi, qui sera de l'épaisseur de ladite muraille, qu'elle sera à sept pieds et demi de hauteur hors de terre, et néanmoins sera icelle muraille commune entr'eux, sans que celui qui a fait ladite muraille en ait aucune mise ne récompense de son voisin. Et sera tenu celui qui a fait ladite muraille, laisser fenêtres

----

(1) La cour royale de Rennes, par arrêt du 24 août 1833, *Journal de la Cour*, tome 9, p. 400, a décidé que cet article était encore en vigueur aujourd'hui. Voici quelques-uns de ses motifs : « Considérant que l'art. 15 de l'Usement de Nantes, » qui forme le complément de l'Usement de Rennes, établis-» sait que les murs qui déversaient sur la propriété voisine » devaient être redressés aux dépens de ceux auxquels ils ap-» partenaient, et que ceux-ci pouvaient être contraints à ce » redressement ; qu'aucune disposition du Code n'a abrogé ce » principe et que, si l'on peut jouir de sa propriété de la ma-» nière la plus absolue, c'est en se conformant toutefois aux » modifications que la loi a établies........» Un autre arrêt, rendu dans le même sens le 1er prairial an 12, est rapporté au *Journal de la Cour*, tome 2, p. 80.

et marques d'un côté et d'autre, pour témoignages de ladite communauté.

ART. XVII.—Quand aucun fait édifier ou reparer en son
heritage, et ne le peut sans endommager son voisin, ou
sans passer par sa maison et héritage, celui voisin est
tenu lui prêter et donner patience à ce faire; et lui souffrir que par sa maison ou heritage celui bâtisseur passe ses
attraits, soient poultres, gouttiéres ou autres choses, si
ledit bâtisseur ne les peut commodément passer par ailleurs. Parce toute-fois que l'édifiant est tenu reparer, rétablir et mettre à dû état à ses dépens, tout ce qu'il auroit
rompu, démoli et gâté à sondit voisin. Et ne peut l'édifiant, pour raison de ce que dessus, acquerir droit ne possession contre, ne au préjudice de celui qui a donné ou
souffert ladite patience.

ART. XVIII.—Foüillement en terre, grattement, démolition de muraille, ne autres œuvres faites clandesti-
nement par l'un des voisins, au deçû de l'autre son voisin, n'attribuë par quelque laps de tems, droit ne possession à celui qui aura fait lesdites entreprises.

ART. XIX.—Qui bâtit ou refait de pied la maison de
nouveau, la doit bâtir à plomb et à lignes, sans aucune
saillie. Et s'il ne rebâtit dès le pied, doit tenir à plomb dé-
puis l'étage où il réédifie.

ART. XX.—Aucun ne peut faire latrines, puits ou fosse
de cuisine, pour tenir eau de maison, auprès de mur
mutuel et commun, qu'on ne laisse franc ledit mur : Et
outre qu'on ne fasse muraille d'un pied et demi d'épaisseur, de chaux et ciment, au danger et dépens de celui
qui fait lesdits puits, latrines, ou autres receptacles, s'il
n'y a paction au contraire.

Art. XXI.— On ne peut faire ne tenir puits, retraits, latrines ne égouts près du puits à eau de son voisin, sinon qu'il y ait entre deux, neuf pieds d'espace et de distance, pourvû que le puits soit premier édifié.

Art. XXII.— Quand il y a puits, retraits, latrines ou égouts communs entre deux parties, les vuidanges et curages se doivent faire aux dépens des parties qui y ont droit, et si la vuidange est faite par l'heritage d'une desdites parties de-là en avant, les autres parties seront tenuës consecutivement endurer la vuidange par leur heritage, l'une après l'autre, toutefois celui qui endure et a la vuidange de son côté, ne doit payer que le tiers des frais, et l'autre partie du côté de laquelle ne seroit faite ladite vuidange, doit payer les deux autres tierces parties, et ainsi consecutivement.

Art. XXIII.— Chacun peut adresser le cours de son touc, encore qu'il soit nouvellement fait, aux autres prochains et anciens toucs, en contribuant à l'entretennement et nettoyement desdits anciens toucs.

Art. XXIV.— Entre un four et un mur moitoyen et commun, doit avoir un pied d'espace vuide pour éviter le danger et inconvenient du feu.

Art. XXV.— Si une maison ne se peut commodément départir entre plusieurs heritiers, lesquels par envie l'un de l'autre, ou pertinacité, veulent avoir chacun sa portion, ladite maison sera par Justice venduë et inquantée entre lesdits héritiers, et demeurera à celui d'eux qui plus en voudra offrir et dernier encherira à l'éteinte de la chandelle; et les deniers qui en istront, seront entr'eux départis, pour les portions esquelles ils sont fondez.

Art. XXVI.— Tuteur ou curateur est tenu de faire profiter honnêtement l'argent de son mineur, ou mineurs ; et après l'inventaire fait , se doivent vendre tels meubles appartenans audit mineur, ou mineurs, que le tuteur et Justice verra être à faire, publiquement à l'enquant, au plus offrant et dernier enchérisseur, et les deniers qui en proviendront, doit ledit tuteur ou curateur, faire profiter comme dessus, et de ce faire bailler bonne et suffisante caution.

## Coutume de Paris.

Art. 188. — Qui fait étables ou autres choses semblables contre un mur mitoyen , il doit faire contre-murs de huit pouces d'épaisseur, de hauteur jusqu'au rez-de-chaussée de la mangeoire.

Art. 189. — Qui veut faire cheminées et âtres contre un mur mitoyen , doit faire contre-mur de tuilots et autres choses suffisantes , de demi-pied d'épaisseur.

Art. 190. — Qui veut faire forge , four ou fourneau contre un mur mitoyen , doit laisser demi-pied de vide et intervalle entre deux du mur du four ou forge , et doit être ledit mur d'un pied d'épaisseur.

Art. 191. — Qui veut faire aisances de privés ou puits contre un mur mitoyen doit faire un contre-mur d'un pied d'épaisseur : où il y a de chacun côté puits d'un côté et aisances de l'autre , il suffit qu'il y ait quatre pieds de maçonnerie d'épaisseur entre deux , comprenant les épaisseurs des murs d'une part et d'autre ; mais entre deux puits suffisent trois pieds pour le moins.

Art. 192.—Celui qui a place, jardin et autre lieu vide qui joint immédiatement un mur d'autrui, ou un mur mitoyen, et y veut faire labourer et fumer, est tenu d'y faire contre-mur de demi-pied d'épaisseur; et s'il y a terres jectisses, il est tenu de faire contre-mur d'un pied d'épaisseur.

## Acte de Notoriété

Constatant l'usage de la ville de Dinan, même de l'arrondissement de la sous-préfecture, sur l'époque où les propriétaires et locataires, pour bail sans écrit, doivent réciproquement se donner congé aux termes de l'article 1736 du Code civil.

Les avocats, militant près le tribunal de Dinan, département des Côtes-du-Nord, réunis sur l'invitation de M. le maire, certifient et attestent à l'unanimité comme constant et de notoriété :

1° Que, suivant l'usage ancien et actuel à Dinan, le délai est de trois mois pour donner congé dans les locations pour bail sans écrit.

2° Que ce délai est de six mois pour les maisons destinées aux hôtelleries, usines, maisons d'éducation avec pensionnat ;

3° Que ce même délai de six mois est applicable aux maisons en campagne avec ou sans jardin ou *chanvril*.

Fait et arrêté à la chambre des avocats, le 14 mai 1832, signé : LECOQ, TROUESSARD, GERVAIZE, F. THIBAULT, F.

Lecourt de la Villethassetz, Cohan, Pommeret, A. Thibault, A. Ferron, Hédal, Brignon de Lehen, Aubry.

*Pour copie conforme :*

Le Secrétaire du conseil de discipline ;

Signé : F. Lecourt de la Villethassetz.

*Pour copie conforme :*

Le Maire de Dinan ,

Signé : Saint-Pern-Couellan.

# TABLE ALPHABÉTIQUE

## DES MATIÈRES.

—

(Les chiffres indiquent le nombre et non la page.)

# D



# E

# G

Gaule. *Voy*. Mesures anciennes.
Genêts. *Bail à ferme*, 142, 177, 178, 187, 197. *Bail à moitié*, 210.
Gens de guerre (Logement des), 127.
Glanage, 116.
Gluis. *Voy*. Chaume.
Godet. *Voy*. Mesures anciennes.
Goëmon, 246.
Guérets blancs, 143, 199, 200.

# I

Impôts. *Bail à moitié*, 213, 223. *Bail à convenant*, 232.
Irrigations, 38 à 41.

# J

Jardins. *Murs de clôture*, 53. *Plantation*, 80.
Jour, Journal, Journée. *Voy*. Mesures anciennes.
Jûte. *Voy*. Mesures anciennes.

# L

Labours, 186, 197, 199.
Landes, 159 à 162.
Largeur. *Voy*. Contre-mur, Douve, Murs de clôture, Passages, Tour d'échelle.
Latrines. *Voy*. Fosses d'aisances.
Lavage des vitres, 127.
Logement des gens de guerre, 127.

## U



## V



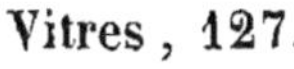

# ERRATA.

—

PAGE 116 , LIGNE 19ᶜ.

*Au lieu de :* sâtres *, lisez :* âtres.

PAGE 211 , LIGNE 13ᶜ.

*Au lieu de :* Plumaudan. . . | 1ᵐ 2ᵏ | 1ᵐ 5ᵏ | 5ᵐ 8ᵏ
*Lisez :* Plumaudan. . . | 1   2 | 1   3 | 5   8

PAGE 217 , LIGNE 2ᶜ.

*Au lieu de :* Lescouet. . . . | 1ᵐ »ᵏ | 5ᵐ »ᵏ | 6ᵐ »ᵏ
*Lisez :* Lescouet. . . . | 1   » | 5   » | 6   5

**Nota.** — Le tableau des distances compris dans le chapitre 4 du titre IV de ce volume, a été rendu exécutoire par arrêté de M. le préfet des Côtes-du-Nord , en date du 20 Mai 1846.

## ADDITION aux N°ˢ 74 et 75.

La commission instituée dans l'arrondissement de Lannion, pour examiner les ouvrages soumis au concours, a signalé dans son rapport un point important sur lequel elle ne partage pas l'opinion que nous avons émise, et elle a exprimé le désir que nous fissions connaître dans un annexe à notre travail l'objet et les motifs de ce dissentiment.

Nous nous empressons de déférer à ce vœu.

La commission de Lannion pense que c'est à tort que nous avons refusé une force légale à l'usage suivi dans son arrondissement de planter des arbres à haute tige sur le sommet des fossés, sans observer la distance de deux mètres.

Elle maintient qu'il n'y a pas d'usage plus constant, plus universel, plus ancien, plus en dehors de toute contestation ; qu'il est en vigueur dans tous les pays de domaine congéable et que les déclarations convenancières relatent toujours des plantations de cette nature.

Elle observe que cet usage n'est pas contraire à l'esprit du code qui veut qu'une distance soit toujours observée ; qu'en effet l'inclinaison du fossé et l'existence presque constante d'une douve constituent toujours une certaine distance suffisante pour répondre au vœu de la loi.

Enfin elle fait remarquer que l'adoption de la distance prescrite par le code, dans un arrondissement où elle n'a pas été appliquée jusqu'ici, entraînerait des conséquences fâcheuses en compromettant l'avenir de toutes les plantations faites dans les 3o dernières années sur la foi de l'usage.

Tels sont les motifs donnés par la commission de Lannion à l'appui de son opinion. Nous ne nous dissimulons pas leur gravité, et l'unanimité qu'ils ont rencontrée dans la magistrature et le barreau de Lannion nous aurait fait un devoir de les signaler, alors même que nous n'y eussions pas été invités.

Cependant, après nouvelles et mûres réflexions sur cette importante question, nous croyons devoir persister dans l'opinion par nous émise, et ce qui nous persuade que nous ne cédons pas à l'influence d'une première idée, c'est que, sur les cinq commissions instituées par M. le Préfet , celle de Lannion est la seule qui ait émis un avis différent du nôtre. Les raisons que nous avons développées aux n<sup>os</sup> 74 et 75 continuent de nous paraître péremptoires, et voici d'ailleurs quelques considérations qui viennent les corroborer.

Que, dans l'arrondissement de Lannion , il soit d'usage constant de planter sur la crête des fossés sans tenir compte de la distance du champ voisin , c'est ce que nous avons dit nous-mêmes ; seulement c'est une observation qu'on peut appliquer à tout le département, et même , croyons-nous d'après les arrêts , à toute la Bretagne et à d'autres parties de la France.

Mais le fait constant , il reste à savoir, en droit, si l'usage a force légale.

Or, en premier lieu, il est certain que dans les quatre autres arrondissements des Côtes-du-Nord , dans tout le reste de la Bretagne et dans le ressort de la cour d'Amiens , un semblable usage n'est considéré que comme le résultat d'une tolérance qui ne crée aucun droit. Où serait donc le motif d'admettre pour l'arrondissement de Lannion un droit particulier, alors surtout que l'auteur le plus versé dans le droit breton, M. Toullier, soutient qu'il n'existe en Bretagne ni règlement ni usage légal qui contrarient les dispositions de l'art. 671 ?

En second lieu, il résulte de l'art. 671, des auteurs et des arrêts qui l'ont interprété, que, nonobstant tout usage contraire, une distance certaine doit exister; l'usage ne pouvant être invoqué contre cette nécessité, mais seulement pour la fixation de la distance. La commission de Lannion n'entend pas la loi d'une autre manière : elle ne fonde son opinion que sur ce que l'inclinaison du fossé et l'existence presque constante d'une douve satisfont toujours à l'exigence de la loi.

Mais d'abord, la limite proposée du fossé ne remplirait pas du tout le but du législateur qui a voulu qu'il existât dans chaque endroit une règle fixe et invariable qu'on ne pût modifier à volonté au préjudice du voisin. En effet, cette clôture peut être plus ou moins haute et large, avec ou sans douve, et, selon ces cas, les plantations seraient plus ou moins rapprochées de la limite du terrain. On arriverait en outre à ce résultat bizarre que, dans le même lieu, les arbres plantés en terrain plat devraient être tenus à deux mètres de la propriété du voisin, tandis qu'il suffirait de les élever sur un fossé pour supprimer impunément un tiers ou moitié de cette distance. Où serait cependant le motif d'une pareille distinction ? L'arbre élevé sur un fossé couvre de son ombrage une plus grande partie du champ voisin, et il y aurait plus de raison pour le reculer que pour le rapprocher.

Ensuite, il est bien vrai que, dans l'arrondissement de Lannion, comme dans le reste du département, on plante sur les fossés sans observer de distance ; mais on y plante aussi très-souvent sur le revers extérieur des fossés, dans les douves et jusque sur les limites des champs. Ce fait est constaté par les discussions qui ont eu lieu dans le sein de la commission de Lannion ; car si tous ses membres se sont accordés pour admettre les plantations sur les fossés, ils n'ont pas été également unanimes pour les restreindre là, et quelques-uns, se fondant sur l'usage suivi, voulaient accorder davantage. Ne résulte-t-il pas de là qu'il n'y a eu jusqu'ici aucune distance observée *constamment* et d'une manière *reconnue* ; et que la limite proposée du fossé est moins fondée sur les faits que sur la nécessité reconnue d'observer une distance quelconque ?

A la vérité , comme le fait remarquer la commission de Lannion , les propriétaires de domaines congéables peuvent planter des arbres à haute tige sur les fossés de leurs tenues convenancières ; mais cette circonstance ne semble d'aucun poids dans la question. La législation domaniale qui autorise ces plantations ne règle que les rapports du foncier avec son colon , et le foncier , dans les relations avec ses voisins , redevient un simple propriétaire soumis aux mêmes devoirs que les autres.

Reste l'objection tirée des inconvénients qu'entraînerait un changement dans la manière d'apprécier l'usage. Leur réalité est incontestable , mais des considérations de cette nature ne peuvent avoir plus d'influence dans l'arrondissement de Lannion que dans le reste du département , où l'on exécute les prescriptions de l'art. 671 chaque fois que leur application est réclamée. Il ne s'agit pas en effet d'apprécier le mérite de la loi , mais seulement d'en expliquer les dispositions , et c'est le cas de répéter la maxime : *Nemo injuriam facit , qui suo jure utitur.*

D'ailleurs, ces inconvénients sont-ils aussi grands qu'on pourrait le croire au premier abord ? Il est permis d'en douter. L'immense majorité des arbres de fossé sont à plus de deux mètres du terrain voisin , soit à cause de l'inclinaison des fossés et de la largeur des douves , soit parce que les fossés bordent des chemins , ou séparent des champs appartenant au même propriétaire. D'un autre côté, une grande partie des arbres plantés contrairement aux dispositions de la loi sont protégés par la possession trentenaire, et enfin la presque totalité de ceux que l'on pourrait faire abattre sera tolérée comme partout par des considérations de bon voisinage. Et puis , si la position du planteur peut inspirer de l'intérêt, le voisin n'en mérite-t-il pas encore davantage , lorsque c'est à son préjudice que l'on veut faire croître des arbres dont il ne profitera pas ?